十訂 保育士をめざす人の社会福祉

相澤讓治
杉山博昭 編

JN118921

十訂 『保育士をめざす人の社会福祉』

執筆者紹介（五十音順）

編者	相澤 譲治（あいざわ じょうじ）	（元神戸学院大学） ………………………	第1章
	今村 裕紀子（いまむら ゆきこ）	（大阪保健福祉専門学校） ……………	第3章
	尾里 育士（おざと やすし）	（東海大学） …………………………	第4章
	加藤 悦雄（かとう えつお）	（大妻女子大学） ……………………	第12章
	川﨑 愛（かわさき あい）	（昭和女子大学） ……………………	第6章
	古野 愛子（この のあいこ）	（昭和学院短期大学） ………………	第11章
	市東 賢二（しとう けんじ）	（上田女子短期大学） ………………	第8章
	渋谷 哲（しぶや さとし）	（淑徳大学） …………………………	第5章
編者	杉山 博昭（すぎやま ひろあき）	（ノートルダム清心女子大学） ……	第2章
	橋本 好市（はしもと こういち）	（神戸常盤大学） ……………………	第7章
	本田 和隆（ほんだ かずたか）	（大阪千代田短期大学） ……………	第10章
	松澤 高志（まつざわ たかし）	（障害者支援施設 すわ湖のほとり）…	第9章

イラスト　溝口ぎこう

は・じ・め・に

　本書は、保育士養成科目「社会福祉」に対応したテキストである。テキストは、学びの素材を提供するものであり、考える主体は学生自身である。つまりテキスト＝教材とはそのための援助の道具である。

　そこで、教授する側、学ぶ側両者にとって使いやすい（教えやすい、学びやすい）テキストが求められている。それは、決して内容的に安易な方向に流れるのではなく、質的レベルをおさえたうえで理解しやすいテキストであることが大切な要素となろう。そのため、本書は社会福祉士養成、介護福祉士養成のためのテキストではなく、「保育士をめざす」学生を対象とした内容としている。それは、保育士養成全体のカリキュラムのなかで保育を学ぶ学生にとって必要な社会福祉の基本知識を厳選したからである。

　本格的な少子高齢社会を迎え、現代家族のあり方も大きく変容している。社会福祉分野のひとつである保育も、核家族化への変化のなかで家族全体を支援する社会的サービスとしてますます重要視されてきている。次世代を担う乳幼児とその家族を支援する保育士が、社会福祉的視点と知識について学び、よりよい援助者へと成長されていくことを執筆者全員願っている。

　本書の初版は2000年４月であるが、このたび、社会福祉および児童福祉にかかわる法令の改正等を踏まえながら、それぞれの章で最新の動向や統計数字の差しかえをしている。

　各章の執筆者は、本企画に賛同しご執筆いただいた方々である。お忙しいなか執筆していただいたことに感謝いたします。また、㈱みらいの編集者の方々には、いつものように誠実な編集作業をしていただいた。本づくりという創造的な仕事を今回もともにできたことに深く謝意を表します。

2023年12月

編　者

目　次

第3章　社会福祉の意味と考え方

第4章　社会福祉の実施体制と財源

第5章　暮らしを支える社会保障制度

第6章　子どもと家族の福祉

第7章　障害のある人の福祉

第8章　高齢者の福祉

第**9**章　地域福祉

第10章　社会福祉の専門職と倫理

第11章　保育士とソーシャルワーク

第**12**章　利用者の権利擁護とサービスの質

第**1**章

● ● ●　　　保育と社会福祉　　　● ● ●

キーポイント

　　社会福祉サービスの内容を対象者別に把握すると、次のようになる。
経済的困窮者→生活保護法に基づくサービス
障害者→障害者総合支援法等に基づくサービス
高齢者→老人福祉法・介護保険法に基づくサービス
母子・父子家庭→母子及び父子並びに寡婦福祉法に基づくサービス
乳幼児、児童→児童福祉法に基づくサービス
　　このように、社会的に援助が必要な状況になった場合に各種サービスに
よってサポートされる。
　　なお、「保育」は、保護者の就労、病気などの理由で社会的に援助が必要
な状態となった乳幼児をサポートする社会福祉サービスのひとつであり、児
童福祉法のなかに保育に関する規定がある。また、諸事情で保護者と一緒に
生活することのできない乳幼児や児童が生活する乳児院、児童養護施設も児
童福祉法に規定されている。したがって、保育士という専門職が担うこの保
育サービスは、重要な社会福祉サービスの一分野なのである。

1　社会福祉サービスとしての保育

1．ケースの紹介

　最初に次のようなケースを紹介する。
▼ケース1
　Aくんは4歳。父親は会社勤務で営業の仕事をしている。母親は病院で看
護師として働いている。昼間、Aくんの世話をする人がいないので、Aくん
は近くの保育所へ通っている。
▼ケース2
　Bちゃんは2歳。父親は銀行勤務、母親は専業主婦である。しかし、母親
は同居している祖母の介護をしているため、Bちゃんは保育所へ通っている。

▼ケース3
　Cくんは4歳。Cくんの両親は協議離婚し、Cくんは父親のもとに引き取られて生活していた。しかし、父親の養育困難から、児童養護施設に入所することになった。

2．子どもたちを取り巻く状況

(1)　内的要因と外的要因

　地域社会で生活している私たちは、さまざまな活動をしながら毎日を暮らしている。子どもたちは、保育所、幼稚園、認定こども園、小学校、中学校、高等学校などに通い、多くの大人は労働者として日々働いている。また、専業主婦（夫）は掃除、洗濯、炊事などの家事労働をしている。

　このように人は教育、労働などの社会的行為を行い、日々の生活過程を通して、社会生活を送っているのである。

　この毎日の社会生活を送っていくなかで、人はさまざまな危機に直面することがある。そうすると、いわゆる生活課題を抱えることになる。病気、事故、失業、配偶者との死別などが原因となる場合もあるし、また、子どもの保育や親の介護問題など、家族内では解決できない生活課題もある。この生活課題をもたらす要因には、内的要因と外的要因がある。

　私たちの現代社会の生活は、都市化、過疎化といった人口の移動、核家族化、地域社会の相互扶助機能の変容、少子・高齢社会の進行、女性の社会進出などの要因によって、家族機能、地域社会機能も大きく変化している。これらは、現代社会にとって必然的な状況である。いわば生活課題の外的要因といえる。

　これらの外的要因のなかで、問題の中核をなしているものが4つあり、1つめは高齢化と少子化である（図1-1）。

　わが国においては、65歳以上の人口割合が諸外国と比べ急激に高くなっており（表1-1）、反対に合計特殊出生率*¹は急激に低下している状況にある。その結果、2040（令和22）年には国民の3人に1人が65歳以上になると予想されている（図1-2）。

　この労働人口の減少と高齢者人口の増加によって、新たな社会的支援体制への変換が求められるようになった。その顕著な例は、2000（平成12）年4月に始まった公的介護保険制度である。

　2つめに都市化は、核家族化をもたらし、一方では、高齢者のひとり暮らし世帯、高齢者夫婦のみの世帯の増加をもたらしている。たとえば、平均世

*1　合計特殊出生率
　15～49歳の女性の年齢別出生率を合計した値のこと。1人の女子が仮にその年次の年齢別出生率で一生の間に子どもを産むと仮定した場合の平均的な子どもの数。

16

図1−1　わが国の人口ピラミッド

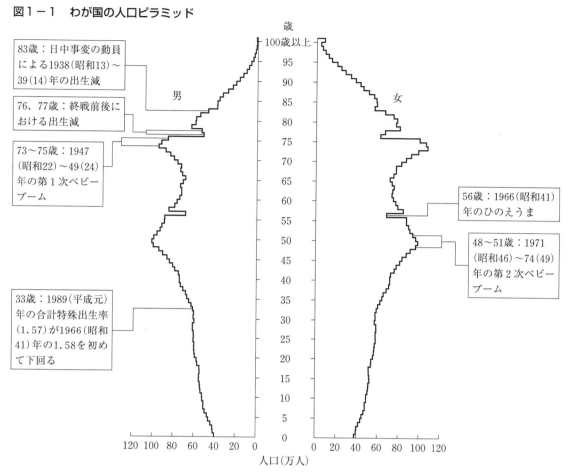

83歳：日中事変の動員による1938（昭和13）〜39（14）年の出生減

76、77歳：終戦前後における出生減

73〜75歳：1947（昭和22）〜49（24）年の第1次ベビーブーム

56歳：1966（昭和41）年のひのえうま

48〜51歳：1971（昭和46）〜74（49）年の第2次ベビーブーム

33歳：1989（平成元）年の合計特殊出生率（1.57）が1966（昭和41）年の1.58を初めて下回る

男　　女

歳
100歳以上
95
90
85
80
75
70
65
60
55
50
45
40
35
30
25
20
15
10
5
0

120 100 80 60 40 20 0　　0 20 40 60 80 100 120
人口（万人）

資料　総務省統計局「人口推計（2022年10月1日現在）」

表1−1　主要国の65歳以上人口比率

(%)

	日　　本	アメリカ	イギリス	ド イ ツ	フランス	スウェーデン
1950（昭和25）年	4.9	8.2	10.8	9.5	11.4	10.2
1960（　　35）	5.7	9.2	11.7	11.5	11.7	11.7
1970（　　45）	7.1	9.8	13.0	13.7	12.9	13.7
1980（　　55）	9.1	11.3	14.9	15.7	14.0	16.3
1990（平成2）	12.1	12.3	15.7	14.9	14.1	17.8
2000（　　12）	17.4	12.3	15.7	16.4	16.2	17.3
2010（　　22）	23.0	13.0	16.3	20.5	17.0	18.3
2020（令和2）	28.6	16.2	18.7	22.0	21.0	20.0
2030（　　12）	30.8	20.5	22.0	26.4	24.4	21.8
2040（　　22）	34.8	22.4	24.8	29.5	27.3	23.7
2050（　　32）	37.1	23.6	26.1	30.5	28.6	24.8

注　日本：2030年以降、日本以外：2020年以降のデータは推計値である。
資料　国立社会保障・人口問題研究所「人口統計資料集（2023）改訂版」より作成

図1-2 高齢化の推移と将来推計

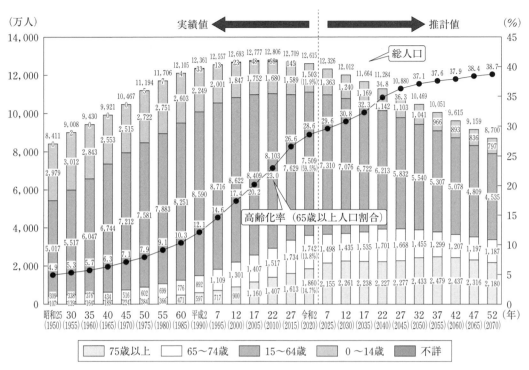

注　2016年以降の年齢階級別人口は、総務省統計局「国勢調査　年齢・国籍不詳をあん分した人口（参考表）」による年齢不詳をあん分した人口に基づいて算出されていることから、年齢不詳は存在しない。なお、1950年～2015年の高齢化率の算出には分母から年齢不詳を除いている。
資料　2020年までは総務省「国勢調査」、2025年以降は国立社会保障・人口問題研究所「日本の将来推計人口（令和5年推計）」の出生中位・死亡中位仮定による推計結果

図1-3 世帯数と平均世帯人員の推移

注　2020年は国民生活基礎調査が中心となったため、統計値がない。
資料　1985年以前は厚生省「厚生行政基礎調査」、1990年以降は厚生労働省「国民生活基礎調査」をもとに作成

帯人員は、1965（昭和40）年の3.75人から2022（令和４）年の2.25人へと減少している（図１－３）。

　３つめは拡大家族（子、親、祖父母で構成）から核家族（基本的に親と子で構成）への家族形態の変化である。これは家族機能の縮小をもたらし、子どもの養育や高齢者の世話が家族内でできなくなり、第三者にその主体をゆだねざるを得なくなっている状況である。近年は、特にひとり親家庭が増大している。2020（令和２）年の国勢調査によると、母子家庭が約65万世帯、父子家庭が約７万世帯で、平均年間収入（親自身の収入）も母子世帯の場合272万円である。ひとり親家庭の増加に伴い育児と就労の両立の課題や、収入の少なさによる貧困問題が生じ、貧困の再生産や教育の機会の低下などの諸課題が顕著となっており、経済的支援のみならず、相談援助の態勢がますます求められている。

　４つめは、都市化、過疎化の進展による地域社会の相互扶助機能の弱体化が挙げられる。たとえば、都市においては新規住民が多く、近隣同士の付き合いが少ないといった現象があり、他方、過疎地では若い世代が流出し、高齢者ばかりが残っていく現実がある。

　そのため地域社会内でお互いに助け合うといった従来の機能は、現在あまり当てにならなくなっている。この近隣住民の相互扶助機能の希薄化は、家庭内で援助が必要になった場合、社会サービスを利用するなど社会的なサポートを受けなければならないことになる。

　内的要因は個々人の意識の変化のことである。代表的には子育てに対する女性の意識の変化が挙げられよう。仕事を続けながら、子育てをしていけるだけの体制が十分ではないことや、子どもを産み育てるよりも自分のライフスタイルを大切にするといった意識をもつ人も増え、子どもを望まない夫婦*²もある。そして、核家族化は母親の子育ての負担と不安をもたらし、ここから育児ノイローゼや子ども虐待といった問題を起こしている。

　育児期にある人が親の介護も同時に担っている、育児と介護のダブルケアの問題も顕在化している。これは、女性の晩婚化・晩産化が大きな要因である。2016（平成28）年４月の内閣府男女共同参画局「育児と介護のダブルケアの実態に関する調査」によると、ダブルケアを行っている人口は、約25万人（女性約17万人、男性約８万人）とされている。

(2)　社会福祉サービスとしての保育

　家庭内機能のひとつであった育児の機能は「保育」へと移行している。いわば、家族機能の社会化、地域機能の社会化のひとつが社会福祉サービスと

＊２　近年の家族形態として、次のようなものがある。
①ディンクス（DINKS）
　子どものいない共働き夫婦のこと。結婚後も夫婦がそれぞれ仕事をもち、意識的に子どもをもたないことで、経済的・時間的にゆとりある生活を営もうとする夫婦のあり方。
②デュークス（DEWKS）
　夫婦がともにフルタイムで働きながら、子どもを産み育てていく夫婦のあり方。
③ステップ・ファミリー
　再婚によって形成された、血縁のない親子関係を含む家族。

しての保育である。最初に挙げたケースは、その顕著な例である。

　先に述べたような家族や地域社会における養育機能の弱体化に対応するため、家族に対する社会的な支援活動の必要性が近年特に強調されている。この支援活動である乳幼児の保育は、社会福祉サービスの一分野であり、社会的支援による子育てサービスの中心は、保育所、あるいは認定こども園が担っている。親の就労、病気、入院などの理由によって、基本的には昼間育児する人がいない場合に社会福祉サービスのひとつである保育所等が活用される。つまり、乳幼児の健全な心身の発達を保障するために、児童福祉法に規定されている保育所等が存在するのである。

　また、家庭養育の代替機能ばかりでなく、学童の放課後の生活を保障する児童館にも養育の補完的機能が要求されるようになっている。この児童館も児童福祉施設のひとつである。さらに、児童養護施設においても地域の育児相談事業が実施されている。

　このように、家族機能の代替、補完、支援のために社会的対応のひとつとして社会福祉サービスがある。

　以上のように、地域の子育て支援センターとしての役割が保育所をはじめとする児童福祉施設に要求されている（図1－4）。

　たとえば、地域子ども・子育て支援事業などにより児童福祉施設は、子育て短期支援（短期入所、夜間養護）、一時預かり、延長保育、病児保育などの事業を実施している。これらの支援事業は、現代の子育て家庭の生活を支えるためのサービスである。

図1－4　保育ニーズの多様化と機能・主体の変容

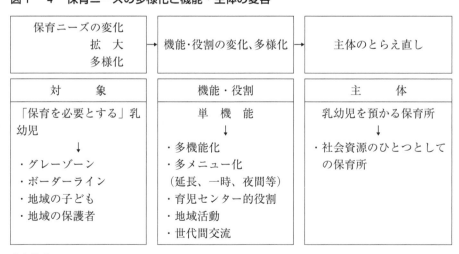

著者作成

(3)　行政の動き

　行政サイドもこれらの社会的な要望に対応していくために、子育て支援施策を立案し実施した。この乳幼児を含む子どもの子育て機能を社会的にサポートしようとするプランが、「エンゼルプラン」（1995（平成7）年度からの5年間）「新エンゼルプラン」（2000（同12）年度からの5年間）「子ども・子育て応援プラン」（2005（同17）年度からの5年間）「子ども・子育てビジョン」（2010（同22）年度からの5年間）の施策である*3。

　そして、2012（平成24）年3月に新しい子育て制度の制度設計である「子ども・子育て新システムの基本制度について」が決定し、「子ども・子育て新システム関連3法案」が提出された。3法案の趣旨は、「すべての子どもの良質な成育環境を保障し、子ども・子育て家庭を社会全体で支援することを目的として、子ども・子育て支援関連の制度、財源を一元化して新しい仕組みを構築し、質の高い学校教育・保育の一体的な提供、保育の量的拡充、家庭における養育支援の充実を図る」ことである（内閣府、文部科学省、厚生労働省）。3法案は、法案修正等を経て、2012（同24）年8月に「子ども・子育て関連3法」*4として成立した。それらの法律に基づき、子育て中のすべての家庭や地域の多様な子育てを支援する「子ども・子育て支援新制度」が創設された。子ども・子育て支援新制度は、「量」と「質」の両面から子育てを社会全体で支えるものである。

　その後、「子育て安心プラン」「全世代型社会保障改革の方針」「新子育て安心プラン」等が策定され、子どもと家族全体を支える施策が重視されている。

　さて、ここまでで家庭での機能を社会的に支援していかなければならないことが確認された。今後の保育は乳幼児の福祉のみを考えていく子ども福祉の一分野ではなく、家庭全体を視野にいれた「子ども家庭福祉」の視点でさまざまな支援を考えていかなければならないことがわかるだろう。

＊3　第6章p.100を参照。

＊4　子ども・子育て関連3法
「子ども・子育て支援法」、「就学前の子どもに関する教育、保育等の総合的な提供の推進に関する法律の一部を改正する法律」（認定こども園法の一部を改正する法律）、「子ども・子育て支援法及び就学前の子どもに関する教育、保育等の総合的な提供の推進に関する法律の一部を改正する法律の施行に伴う関係法律の整備等に関する法律」（児童福祉法等の一部改正）。

2　社会福祉を学ぶ視点

1．人権の尊重の視点

　社会福祉を学ぶにあたり、最初にしっかりと踏まえておかなければならない点は、人権の尊重である。たとえば、子ども福祉の歴史に端的にあらわさ

れているように、子どもは一人の人間としてではなく、大人の小型版として処遇がされ、子どもたちの心身の発達が阻害されるような状況がたくさんあった。現代においても、子どもたちの人権を阻害するような出来事が生じている。たとえば、代表的なものに子ども虐待が挙げられる。

1989（平成元）年に国際連合で採択された「児童の権利に関する条約」（子どもの権利条約）は、子どもも一人の人間であることを明確に位置づけた。そこには、児童の意見表明権（第12条）、表現の自由権（第13条）、思想・良心・宗教の自由権（第14条）、結社・集会の自由権（第15条）などがあることが明記され、子どもたちの人権について確認されたのである。

また、2016（平成28）年に「児童福祉法等の一部を改正する法律」が公布され、児童福祉法の総則の冒頭（第1条）に、児童は適切に養育を受け、健やかな成長・発達や自立が図られることなどを保障される権利を有することが明記された点も、特記すべきことと言える。

さらには、こども施策を社会全体で総合的かつ強力に推進していくための包括的な基本法として、「こども基本法」が2022（令和4）年に成立、翌年4月に施行された。この法律により、「支援・保護」対象であった〝こども〟が「権利主体」であることが明確にうたわれた。

しかし、現実には体罰や子ども虐待といった人権侵害が生じている。そのため、アドボカシー（人権擁護）機能が重視されていかなければならないだろう。子どもたちの一人ひとりには、人権があることを確認し、そして社会的に弱い立場である子どもたちの状況をしっかりと擁護していかなければならないのである。

2．社会福祉とダイバーシティ

社会福祉とダイバーシティ（多様性）は密接に関連しており、現代社会において共に重要な役割を果たしていくと考えられる。

ダイバーシティは、個人や集団の異なる背景、文化、能力、信念などの多様性を尊重し、受け入れるという考え方である。ダイバーシティは、人々が自分らしく、自由に生きることができる社会、異なるバックグラウンドを持つ人々が平等な機会をもち、互いの違いを理解し、尊重し合う社会を築くことめざすものである。

社会福祉とダイバーシティは相互に補完的な関係にあるといえる。社会福祉は、ダイバーシティを尊重し理解することで、異なるニーズに対応した包括的な支援を行うことができるであろう。たとえば、言語の違いに対応した

通訳サービスや、障害者のバリアフリーな環境の整備、LGBTQへの配慮などが挙げられる。

　また、ダイバーシティを考慮した社会福祉は、ソーシャルインクルージョン（社会的包摂）を促進する。異なる背景をもつ人々が差別や偏見に苦しむことなく、社会の一員として認められることで、より公正で平等な社会が実現されるであろう。さらに、ダイバーシティは偏見や差別の軽減にも寄与する。異なる文化や背景を理解し、尊重することで、対立や摩擦を減らす助けとなるからである。

　このように、社会福祉とダイバーシティはお互いに補完し合い、より公正で包括的な社会の実現に向けて連動している。両者を統合的に考えることで、より多様なニーズに対応し、全ての人々が尊重され、幸福な生活を送れる社会を築くことができるであろう。

　以上の視点は、社会福祉を学ぶにあたっての基本的な理念である。

　社会福祉を学ぶにあたっては、社会福祉に関する専門的な知識、技術も必要になってくる。社会福祉の専門的知識とは、各種サービスの内容に関する知識のことである。また、社会福祉の専門的技術は、ソーシャルワークとよばれる。これらのことを次章以降でしっかりと学んでいただきたい。

〈参考文献〉
厚生労働省編『令和5年版　厚生労働白書』日経印刷　2023年
厚生労働統計協会『国民の福祉と介護の動向2023/2024年』厚生労働統計協会　2023年
相澤譲治編著『新版　保育士をめざす人のソーシャルワーク』みらい　2005年
相澤譲治・栗山直子編著『家族福祉論』勁草書房　2002年
社会保障入門編集委員会編『社会保障入門2023』中央法規出版　2023年

第**2**章

<hr>

●●● ## 社会福祉の道すじ ●●●

キーポイント

　保育のように実践と結びついた分野を学習する場合、なぜ歴史を学ぶのかという疑問が生じるかもしれない。学ぶ理由は、第一に現在、保育や社会福祉が激しい改革の時期を迎えているため、将来の保育や社会福祉を考えるには、どういう経過があって現在に至ったかを過去にさかのぼって理解する必要があること。第二に、現在の保育や社会福祉は多くの人の努力の結果つくられてきた。その努力を引き継ぐのが私たちの責務であり、どういう努力があったのかを知る必要があること。第三に、先人たちは努力と同時に誤りも犯してきた。誤りを繰り返さないためには、どういう誤りを、なぜ、したのか知る必要があること。以上の視点で、戦後（太平洋戦争の終わった1945年8月15日以降）を中心とした社会福祉の歴史、イギリスの社会福祉の歴史、保育の歴史を紹介する。

1　現代社会福祉の道すじ

1．戦前の社会福祉

　戦後（1945年以降）の社会福祉は、日本国憲法の基本的人権や民主主義の理念から出てきた面だけではなく、戦前からの継続や発展として続いている側面もある。そこでまず、戦後を考える前提として戦前（明治・大正期）について簡単にみておく。

　明治維新によって生まれた近代社会は、封建時代と違った新たな社会問題を生み出し、貧しい人々の集まる下層社会が形成された。

　救貧対策として1874（明治7）年に恤救規則（じゅっきゅうきそく）が制定された。恤救規則は国民の相互扶助、つまり近隣同士の助け合いを基本とする制限救助主義に立ち、救助の対象者も独身の児童、高齢者、病者、障害者などに限られていた。不備な制度に対して、何度か改正案が提起されるが、「国家による救済は怠け

者をつくる」という惰民観や、「国家は国民の経済活動に立ち入るべきでない」という自由放任主義が主張されるなかで改正は実現しなかった。そして貧しい人たちへの医療のために、皇室からの御下賜金*1に寄付金を加えて、恩賜財団済生会が設立されたり、非行児童についての感化法*2が制定されるなど、個別的な対策がとられるにとどまった。

　一方、公的な救済が不備ななかで、民間の慈善事業が展開されていく。石井十次による岡山孤児院、石井亮一による滝乃川学園（知的障害児）、留岡幸助による家庭学校（非行児童）、山室軍平を指導者とする救世軍（社会事業と宗教とをともに行うことを特色とするキリスト教の一派。廃娼運動、貧困者の救済などを行う）、セツルメント活動（貧しい人の多く住む地域のなかに入って、地域の問題を改善していく）をはじめとする賀川豊彦による一連の活動がよく知られている。

　また法や政策が不備ななか、貧困問題の対策として1917（大正6）年に岡山県で済世顧問制度、1918（同7）年に大阪府で方面委員制度*3が設置される。これらと同様の制度は全国にも広がり、地域での貧困問題への個別的な対応がなされた。これは現在の民生委員の前身である。

　1920（大正9）年頃になると、政府も社会問題に対処せざるを得なくなって、内務省に社会局を設置するなどの動きをみせ、慈善事業や救済事業に代わって、新たに社会事業とよばれる福祉政策がとられるようになる。

　法律の面では、1929（昭和4）年にようやく恤救規則の改正として、救護法が制定された。救護法は政府による緊縮財政の方針のため、すぐに実施されなかったが、方面委員らによる救護法実施促進運動が起こり、1932（同7）年から実施された。ほかに関係者の運動の結果としてつくられた制度として、1937（同12）年制定の母子保護法がある。

　1937（昭和12）年より、日中全面戦争に入り、戦時体制がつくられていく。社会事業の目的は、救済ではなく、戦争のための人間づくりとなり、人的資源の育成が叫ばれた。1938（同13）年に社会事業や衛生を担当する官庁として厚生省が設置された。同年に社会事業法が制定されて、社会事業が本格的に法的根拠を得たものの、戦時下のために十分機能できなかった。

　戦時下、施設では男性が戦争に出たり、寄付金が集まらなかったりして、厳しい運営を強いられた。都市部では施設全体で疎開しなければならなかったり、空襲を受けたりする試練にさらされる。社会事業はこうして厳しい状況におかれた。一方で社会事業関係者は戦争に反対していたわけではなく、戦争協力を考えていたことも否めない。

*1　優良な施設・団体に対して、天皇の名により下賜される金員のこと。

*2　非行児童について刑罰でなく保護・教育によって対応することとし、感化院（現：児童自立支援施設）について定めた。

*3　地域ごとに委嘱された委員が、担当地域内の低所得者の支援などを行った。

コラム　石井十次がつくった児童養護の礎

　　近代社会は、国民に自由をもたらした反面、失業や貧困など生活困難は深刻化した。しかし、政府の対応は乏しいものであった。国民の生活困難に対応しようとしたのは、民間の慈善事業家である。代表的な人物として、石井十次が知られる。石井は、医師をめざしていたが、孤児の救済を自らの使命と考えるようになり、1887（明治20）年に孤児教育会を設立し、岡山孤児院へと発展する。その際、医学書を焼却して、孤児救済に専念する決意を固めたエピソードはよく知られている。

　　石井は、職業教育、里親委託、小舎制など、今日につながる試みを行っている。東北凶作による孤児を救済するなかで「無制限収容」の立場に立って、孤児院は一時1,200人の規模となった。大阪でも保育所をはじめとしたセツルメント事業を行った。

　　これらの活動には、当然多額の費用が必要であった。当時は、行政の補助金などはなく、自助努力で確保するしかなかった。石井は、全国に賛助員を求めたり、音楽幻燈隊を組織して全国を巡回して寄付金を集めたり、実業部を設けて収益事業を行ったりと、さまざまな方法を駆使して資金を確保した。なりふりかまわない必死の努力なしには、絶えず生み出される孤児の生命を守ることはできなかったのである。現在の社会福祉は、こうした先人による人類愛に基づいた取り組みの積み重ねのうえに成り立っていることを、忘れてはならない。

2．戦後の社会福祉のスタート

(1)　敗戦後の国民生活

　　戦争末期には、全国各地が空襲され、無差別な爆撃が行われ、多数の市民が死傷する。地上戦の行われた沖縄では3か月にもわたる戦闘で民間人も含めて多数死傷した。また、広島と長崎の原爆が悲惨を極めたのはいうまでもない。

　こうした破壊的な状況のもとでは、工場などの生産設備が働かないために生産力が低下する。しかも、男性が戦死したり召集されていって労働力が不足していた。ところが、国外にいた人が帰国しはじめると、人口が増え、人口増に生産が追いつかず、生活必需品が不足した。特に食糧難が深刻で、全国的に飢餓状態となる。国民の困窮は戦時中にも増して、敗戦後に頂点に達するのである。国民は、その日暮らしのなかで、かろうじて命をつないでいた。

　とりわけ困難にみまわれたのは子どもである。戦争で父母を失った子どもは戦争孤児となり、浮浪児となって野宿する子どももいた。そのほかにも、引き揚げ者のなかにも孤児がいたし、終戦時点で疎開をしていた学童の問題もあった。中国では引き揚げ時の混乱から、取り残されてしまう子どもがおり、中国残留孤児として後々まで問題となって残っている。また、連合国軍総司令部（GHQ）関係者ら外国人と日本人女性との間に子どもが生まれた。この場合、父親は養育する意思のないまま帰国し、母親は生活力が乏しいうえ、子どもへの周囲の偏見も加わって、子ども自身が最大の犠牲を背負った。

(2)　民主化とGHQ

　戦後日本は厳しいなかではあったが、民主社会として再出発しようとしていた。日本国憲法が制定され、そこでは基本的人権が重視され、第25条の生存権条項は国の社会福祉への責務を明確にしており、戦後の社会福祉の展開のうえで大きな力となった。

　終戦後の民主化が、日本を占領・支配するGHQのもとで進められていく。民主化は社会福祉の分野でも急がれた。GHQは、1946（昭和21）年2月に「社会救済に関する覚書」を出し、国家責任・公私分離・無差別平等・必要十分の4原則を提示する。この原則は戦後の社会福祉制度の基本となった。

　さらに科学的な援助をめざして、ソーシャルワークの導入を図り、講習会を通してソーシャルワークの教育を進めた。しかし、わが国の側でソーシャルワークの前提である人権尊重や民主主義への理解が乏しいこともあり、すぐに定着したとは言い難かった。

(3)　福祉三法と社会福祉事業法

　敗戦後の国民の窮乏の対策として、1945（昭和20）年末に「生活困窮者緊急生活援護要綱」が閣議決定されるが、これはあくまで暫定的なものであった。翌1946（同21）年には国民の最低生活保障のための生活保護法が制定される。しかし、保護請求権が不明確であったり、特定の条件の人は保護が受

けられないとする欠格条項があるなど、当初から不十分さが指摘され、1950（昭和25）年に新たに生活保護法が制定されて、現在の形となった。

　児童の厳しい生活状況に対して緊急対策がとられる一方、根本的な解決としての法整備の声が高まった。当初は児童保護法という名称で検討されていたが、戦後の理念を受けて、「福祉」の語をはじめて法律の名称として盛り込むこととなり、1947（昭和22）年に児童福祉法が制定される。

　1951（昭和26）年には児童憲章が定められた。これは法律ではなく、児童福祉の理念を高らかに謳ったものである。児童の立場に立った新しい児童観の宣言として、国民の指針となった。

　戦後、傷痍軍人（兵士として戦争中に負傷して障害のある人）への支援をはじめ、身体障害者対策が求められており、1949（昭和24）年にようやく身体障害者福祉法が制定された。しかし、この法律は更生に力点を置いたため、重度障害者はなお捨て置かれた。

　以上、生活保護法、児童福祉法、身体障害者福祉法の3つは福祉三法とよばれ、当時の社会福祉の根幹となった。そして1951（昭和26）年に社会福祉事業法（現：社会福祉法）が制定され、ここでは福祉事務所、社会福祉主事など戦後の社会福祉の基本的な枠組みがつくられ、社会福祉制度の一応の形が整った。

(4)　社会福祉の組織化

　戦前から社会事業に関するさまざまな組織が生まれていたが、戦後の民主化と制度の変化のなかで再編されていった。

　たとえば、民間の立場で社会福祉を進める住民組織として、社会福祉協議会が設立された。全国レベルでは1951（昭和26）年に既存団体を中心にして中央社会福祉協議会が設立され、1952（同27）年に全国社会福祉協議会連合会、1955（同30）年に全国社会福祉協議会へと発展した。都道府県、市町村でも急速に社会福祉協議会の設立が進んでいく。社会福祉協議会は住民主体を理念としつつも、初めのうちは住民主体の組織として機能したとはいえない。社会福祉協議会が地域福祉のセンターとしての機能を果たすには、国民の社会福祉への高い関心が前提として必要であった。

3．高度経済成長と社会福祉

(1)　高度経済成長と国民生活

　日本は戦後の混乱期を脱して、1950年代後半より、高度経済成長とよばれ

る、急激な経済的発展を果たしていく。

　冷蔵庫、洗濯機、テレビなどの耐久消費財が急速に普及したように、物質的には豊かになった。しかし、それは国民生活の安定と豊かさを実現したわけではない。貧困の問題をとってみても、敗戦後の飢餓的な状況こそ少なくなったものの、なお経済の回復の恩恵に浴せない人々は国民の1割にも及ぶといわれた。

　高度経済成長は、経済的な利益を優先したことから、さまざまなひずみを生んだ。水俣病や各地の大気汚染をはじめとする公害、サリドマイドなどの薬害問題が繰り返し起きた。森永ヒ素ミルク中毒事件では大勢の子どもが死亡したり後遺症をもったりした。自動車の普及は交通事故を多発させた。それらの被害者は弱い立場の者が多く、救済は遅れがちであった。

　工業の発達により、都市に人口が集中し都市化が進んだが、都市部での社会基盤の整備は追いつかず、住宅問題などの都市問題を激化させた。逆に地方では人口が流出し、農村では地域の崩壊をもたらし、農業は衰退し、日本の食料自給率は低下していく。

　こうしたなか、農村社会を軸としてきた日本社会は大きく変ぼうする。農村では大家族制のうえ、地域には相互扶助の仕組みができあがっており、育児や介護を家族や地域で行う体制をもっていた。しかし、都市では核家族化が進み、地域の相互扶助も希薄で家庭での育児・介護の機能は低下していった。一方で、低下した機能を補うための社会福祉の体制は不十分であった。

⑵　福祉国家をめざして

　政策としては、国家が国民の福祉の実現をめざす「福祉国家」が目標となった。そうしたなかで、1958（昭和33）年に国民健康保険法、1959（同34）年に国民年金法が制定された。戦前から、医療保険や年金保険の制度はあったが、一部の者が対象であったり、任意加入であったりした。ここで国民皆保険・皆年金の制度がスタートして、国民全員が何らかの医療保険と年金保険に加入することとなり、とりあえずの所得保障が実現したものの、年金の水準は老後の生活保障として十分なものではなかった。

⑶　福祉六法の成立

　国民生活の変化のなかで、これまでの法だけでは対応できず、新たな制度づくりが求められる。まず、1960（昭和35）年に精神薄弱者福祉法（現：知的障害者福祉法）が制定された。対応の乏しかった18歳以上の知的障害者への制度が、ようやく整えられたのである。

1963（昭和38）年には老人福祉法が制定された。それまでの高齢者福祉は貧困者対策の性格が強かったが、高齢者一般を取り上げ、介護機能を重視した特別養護老人ホームが設けられた。

　さらに、核家族化のなかで、母子家庭の問題が深刻化した。そこで母子家庭を支えるために1964（昭和39）年に母子福祉法（現：母子及び父子並びに寡婦福祉法）が制定された。この３つを先の福祉三法と併せて福祉六法とよび、福祉六法の体制が完成した。

　その他の立法として、児童扶養手当法や重度精神薄弱児扶養手当法（現：特別児童扶養手当等の支給に関する法律）がつくられた。

(4)　社会福祉運動

　戦後の日本では、国民の社会福祉への関心が高まり、社会福祉を国民の側から訴えていく動きが強まった。1957（昭和32）年に朝日茂により提訴された朝日訴訟は、生活保護によって結核療養所に入所していた朝日茂が、生活保護基準が憲法25条の規定する生存権保障に見合うものではないとして提訴したものであり、「人間裁判」ともよばれている。裁判は、１審で勝訴したものの、２審で逆転敗訴し、1967（同42）年の最高裁判決では憲法第25条をプログラム規定（具体的な権利保障ではなく努力目標に過ぎない）と判断し、実質的に敗訴となって終わった。しかし、裁判を通して社会福祉や人権のあり方が議論され、生活保護基準の引き上げなど社会福祉の前進となった。朝日訴訟の後も、堀木訴訟など、裁判を通じて権利の実現をめざす動きが続いた。

　また、労働組合運動が高揚していくなかで、組合としても社会福祉・社会保障の拡充を要求していくことになる。各地で革新自治体とよばれる自治体が生まれ、社会福祉政策の先導役となる。

　障害者運動など当事者による動きも活発となってきて、障害者自らが自分たちの権利を主張していくこととなる。つまり、障害者は保護の対象ではなく、権利の主体として社会へ向けて声をあげたのである。それは社会に対して強いインパクトを与えつつも、まだ障害者を低くみる発想が変化するには至らなかった。

(5)　社会福祉施設の整備と課題

　高度経済成長は多様な生活問題をもたらし、生活全般を援助するための社会福祉施設の必要性を高めた。施設が増加していくものの不足がちであり、国は1971（昭和46）年からの「社会福祉施設緊急整備５ヵ年計画」によって

対応しようとした。

　こうした流れのなかで、社会福祉＝施設というイメージがつくられていった。施設の増加は社会福祉の充実につながった面もあるが、障害者や高齢者を社会から排除する意識に立つ施設収容主義の傾向があったことも否定できない。

　施設が増えれば、そこで働く従事者も増えることになる。しかし、施設での労働条件は悪く、その改善が課題となった。また、社会福祉士の制定試案が出されるなど、社会福祉の専門性を評価する資格化の動きがみられたものの、この時期には実現しなかった。

4．低成長と社会福祉の見直し

(1)　高度経済成長の終わり

　1973（昭和48）年は「福祉元年」とよばれ、日本が福祉国家としてさらに高い位置をめざそうとした時期である。その象徴が老人医療費の無料化であった。しかし、同じ年に第一次オイルショック[＊4]が起き、高度経済成長の時代は終わりを告げる。

　高度経済成長の時代は伸びていく経済力を基盤として、社会福祉の整備が進められてきたが、高度経済成長の終わりとともに財政難が生じた。そこで「福祉見直し」と称して、社会福祉の発展を抑える動きが出てきた。

　さらに人口の高齢化が少しずつ問題化してくる。有吉佐和子による認知症高齢者をテーマにした小説『恍惚の人』がベストセラーとなったのは、その後の高齢者介護の問題の深刻化を予感させるものであった。

(2)　社会福祉の考え方

　高度経済成長のなかで提唱された福祉国家に代わる、社会福祉の別のあり方が探られた。そこで登場したのは「日本型福祉社会」という考え方である。これは日本に従来からみられる相互扶助のシステムに着目し、相互扶助を基本として公的な福祉サービスの提供を最小限にとどめようとする考え方である。しかし、相互扶助が機能しなくなって社会福祉の必要性が高まったということを考えると、それは現実から遊離した発想であった。「日本型福祉社会」の考え方は、結局、福祉サービスによって国民生活が成り立っている現実のなかで消えていったのである。

＊4　第四次中東戦争を契機とした産油国の結束により石油価格が高騰し、石油に依存する日本経済に打撃を与えた。

(3) 市民参加の福祉へ向けて

政策的には社会福祉の抑制の傾向がみられたものの、国民のレベルでは社会福祉への関心が高まっていく。1979（昭和54）年は国際連合の定める国際児童年であり、児童をめぐる問題に注目が集まった。

学校での福祉教育が本格的に始まり、ボランティアへの関心も集まってきた。市民参加による社会福祉も模索されてくる。福祉教育やボランティアが広く普及するのは1980年代以降といえるが、その萌芽はこの時期にみられる。

5. 社会福祉の改革

(1) 財政難

1980年代になると、社会福祉の枠組み自体への疑問が高まり、社会福祉の改革が叫ばれる。

その背景は引き続く財政難である。低成長期のもとで財政は好転せず、また高齢化社会が深刻化しはじめた[*5]。政府は第二次臨時行政調査会を設置して、行政改革によって乗り切ろうとした。そこでは「活力ある福祉社会」が提起され、福祉サービスを抑制する方向を打ち出した。1982（昭和57）年の老人保健法（現：高齢者の医療の確保に関する法律）によって、老人医療費無料化をやめて老人医療の新たな仕組みをつくり、1986（同61）年には年金制度も改革した。社会福祉にかかわる財政負担を国から地方に重点を移した。こうした動きは、社会福祉の公的責任を回避、もしくは軽視する傾向につながった。

(2) ノーマライゼーション

施設を軸とする社会福祉のあり方にも疑問が高まった。1981（昭和56）年の国際障害者年は「完全参加と平等」を掲げて、障害者の立場を強力に訴える機会となった。そして、ノーマライゼーションの理念が普及していくことになる。この動きは、施設中心の社会福祉に疑問を投げかけ、地域福祉を重視する方向に導いた。障害者の権利を必ずしも保障していない既存の法律を問い、1993（平成5）年には心身障害者対策基本法が「障害者基本法」に改正され、精神衛生法が1987（昭和62）年に精神保健法、さらに、1995（平成7）年に「精神保健及び精神障害者福祉に関する法律」（精神保健福祉法）へと改正された。1996（同8）年には、らい予防法が廃止され、優生保護法も障害を理由に不妊手術や中絶を行う条項を削除した母体保護法へという法律の改正などにつながってくる。1995（同7）年にはノーマライゼーション

*5 高齢化の推移については、第1章p.16を参照。

実現に向けての障害者プランが策定された。

(3)　改革の本格化

　1980年代後半になると、社会福祉の改革が本格化してくる。1987（昭和62）年には社会福祉士及び介護福祉士法が制定されて、ようやく社会福祉分野での資格が実現した。両資格の養成校が急増したことで専門教育も拡充する。

　1990（平成2）年には福祉関係八法*6改正が行われた。内容は、在宅福祉の重視と住民に身近な市町村の重視である。そして1990年代になって、改革の動きが加速して、2000（同12）年に社会福祉基礎構造改革が行われ、同年には介護保険制度も実施された。障害者サービスは、2003（同15）年実施の支援費制度を経て、2005（同17）年に障害者自立支援法が制定され、2006（同18）年に施行された。さらに同法は、2012（同24）年に「障害者の日常生活及び社会生活を総合的に支援するための法律」（障害者総合支援法）へと改正された。

　2000（平成12）年には、児童虐待の防止等に関する法律（児童虐待防止法）が制定され、その後も改正が重ねられている。また、2005（同17）年に、高齢者虐待の防止、高齢者の養護者に対する支援等に関する法律（高齢者虐待防止法）が、2011（同23）年には、障害者虐待の防止、障害者の養護者に対する支援等に関する法律（障害者虐待防止法）が制定され、虐待防止の体制が整えられた。

　国連で2006（平成18）年に障害者の権利に関する条約が採択されたことから、国内での法整備が求められた。2013（同25）年の障害を理由とする差別の解消の推進に関する法律（障害者差別解消法）の制定によって、障害者差別に対応する法制度が用意され、障害者の権利に関する条約を2014（同26）年に批准した。

　さらに地域課題を住民の支え合いで解決していくことが重視され、「我が事・丸ごと」地域共生社会の実現が提唱されている。2016（平成28）年厚生労働省に「我が事・丸ごと」地域共生社会実現本部が置かれた。2017（同29）年には、地域共生社会の理念を具体化するために社会福祉法が改正された。また地域包括ケアシステムが提唱された。地域包括ケアシステムとは、「重度な要介護状態になっても住み慣れた地域で自分らしい暮らしを人生の最後まで続けることができるよう、住まい・医療・介護・予防・生活支援が一体的に提供される」というものである。

　こうして、要介護高齢者の増大など少子高齢化のもとでの課題の広がりに対して、新たな社会福祉のあり方が模索されている。

*6　当時の老人福祉法、身体障害者福祉法、精神薄弱者福祉法、児童福祉法、母子及び寡婦福祉法、社会福祉事業法、老人保健法、社会福祉・医療事業団法のこと。

2　イギリスの歴史

1．救貧法と慈善事業

　日本の社会福祉の歴史を理解するうえで、外国について知り、国際的な視野で日本を把握することも欠かせない。ここでは、資本主義の先進国であり、また福祉国家として日本をはじめ各国に影響を与えてきたイギリスを取り上げ、その歴史をみていく。

　イギリスでは16世紀に、貧困者の増加を背景として救貧法が繰り返し制定されたが、それらが1601年にエリザベス救貧法として集大成された。教区を単位として、救貧税を財源とし、治安判事が責任者となり、貧民監督官と教区委員が実際の活動を担った。貧困者を「有能貧民」「無能貧民」「児童」に区分し、「無能貧民」は親族の扶養を条件として救済を行うが、「有能貧民」は強制労働、「児童」は徒弟奉公に出した。

　以後、救済を教区での出生や居住期間で制限する「定住法」（1662年など）、ワークハウス（労役場）への収容を救済の条件とする「ワークハウステスト法」（1722年）が制定されるなどの動きがありつつも、救貧法は長期間にわたって、イギリスの救貧体制の柱として機能していく。

　産業革命後、ギルバート法（1782年）やスピーナムランド制度（1795年）によって、在宅での救済が認められたが、救貧費の増大をまねいた。救貧法の抜本的な改革が求められ、1834年に新救貧法が制定された。新救貧法は、①救済水準を全国的に統一する、②在宅救済を廃止し、救済をワークハウス（労役場）収容に限る、③劣等処遇（救済は、救済を受けない下級労働者以下の生活・労働条件に抑える）を原則とした。政府に救貧法委員会をつくり、教区連合を単位として、貧民保護委員会が救済の遂行にあたった。

　一方、民間での動きとして、18世紀が「博愛の時代」とよばれるなど近代的な慈善事業が本格化していたが、1869年に慈善組織協会（COS）が創設されている。COSは個別訪問などを行い、ケースワーク[*7]やコミュニティ・オーガニゼーション[*8]の先駆として評価されているが、貧困者を、生活態度などを理由に、救済に値する人と値しない人に分類し、値する人のみを救済の対象とし、値しないと判断した人は救貧法にゆだねた。

　それに対し、セツルメントは、貧困の社会性を重視し、社会改良的視点による実践であった。デニソンを先駆として活動が始まり、バーネットらに

*7　ケースワークは第11章p.174を参照。

*8　一定地域の集団に働きかけることによって、社会問題に対応していく援助活動のこと。

よって、1884年に活動の拠点としてトインビー・ホールが設立された。

　19世紀末から20世紀初頭にかけては、社会調査が行われて結果が発表される。ブースによるロンドン調査とラウントリーによるヨーク調査は、貧困の原因は低賃金や失業、あるいは疾病や多子など社会的な問題にあり、個人の怠惰ではないことを明らかにした。

２．第二次世界大戦前の動き

　20世紀の初頭、自由党政権により、社会改良策が実施された。教育法などの児童関係の立法、最低賃金法などの労働者保護、さらに1911年の国民保険法（疾病保険と失業保険）が制定されていく。救貧法については「救貧法および失業者に関する王命委員会」によって検討されるが1909年に出された報告は、救貧法の維持を主張する多数派報告と、解体を主張する少数派報告に分かれた。結局、救貧法は1948年に国民扶助法が制定されるまで存続する。

　第一次世界大戦後、イギリスでは失業率が常時10パーセントを上回り、失業問題が深刻化した。そのため、1920年の失業保険法、1934年の失業法と、失業対策を強める。保険料の拠出に基づく給付のみでなく、国庫負担による生活保障も行われた。

　第二次世界大戦下の1942年、ベヴァリッジ報告（『社会保険および関連サービス』）が発表された。同報告では、窮乏、疾病、無知、不潔、怠惰をイギリスの発展を妨げる５巨人悪ととらえて、社会政策による総合的取り組みを要請した。特に社会保険を中心とした所得保障を重視し、社会保険の６つの基本原則、すなわち均一額の最低生活費給付、均一額の保険料拠出、行政責任の統一、適正な給付額、包括性、および被保険者の分類を示した。イギリスのみでなく、日本をはじめ各国の戦後の福祉国家の設計図になったと評価されている。

３．福祉国家への発展

　戦後すぐの総選挙で誕生した労働党政権において、国民扶助法、国民保険法、国民保健サービス法、児童法などが生まれ、公共住宅の供給も進められた。以後労働党と保守党とで政権交代が繰り返されるが、基本的には「揺り籠から墓場まで」という体系的な福祉国家として発展していく。

　1968年にはシーボーム報告が出され、地方自治体の社会福祉行政組織を社会サービス部に統合化することや、ソーシャルワーカーの専門性の検討が求

められた。報告に沿って、1970年に地方自治体社会サービス法が制定され、コミュニティケアを軸とした社会福祉へと転換する。コミュニティケアについては、1988年のグリフィス報告で地方自治体を責任主体とすることが提言され、報告を受けた1990年の国民保健サービス及びコミュニティケア法により、改革が加えられている。

　しかし、1979年に生まれたサッチャー保守党政権は、福祉削減を進めたため、全体としてイギリスの福祉国家としての水準は後退した。1997年に発足したブレア労働党政権は自立支援を重視し、1970年代以前とも、サッチャー政権の福祉削減とも違う「第3の道」を模索した。近年では、高齢者・障害者サービスの軸を政府から住民へと移す理念が示されている。また、パーソナル・バジェットという、使途が自由で個別のニーズに対応しやすい支援方法が導入されるなど、改革が模索されている。

3　保育のたどった道すじ

1．戦前の保育

(1)　保育所のはじまり

　次に保育士をめざす者として最も身近な、保育所の歴史について改めてみていく。

　幼稚園はすでに1876（明治9）年の東京女子師範学校附属幼稚園として設置されているが、幼稚園は保育料も高く、主に富裕な家庭の子どもを対象としたものであった。

　明治以後、都市では貧しい人々の集まるスラムが形成されていたが、そこでは子どもたちが劣悪な養育環境におかれていた。スラム以外でも貧困のなかで良好な環境におかれない子どもが大勢いた。そして、貧しいために家事や子守りを強いられて学校に行けない子どもが少なくなかった。

　そのような状況下で貧しい子どものためにできたもののひとつが、子守学校である。子守りをする子どもが乳児とともに通う学校であり、後にここから保育所の設置につながった例もある。

　このようななかで、貧しい家庭の子どもにこそ幼児教育が必要だという考えで、幼稚園を設置する動きが起こった。1895（明治28）年の善隣幼稚園、1897（同30）年のセツルメント施設キングスレー館での三崎幼稚園が先駆で

あるが、特に著名なのが野口幽香や森島峰による1900（同33）年設立の二葉幼稚園（後に二葉保育園）である。野口らはスラムの子どもたちの養育環境の劣悪さに心を痛め、子どもたちによい教育環境を与え、ひいては父母の生活にも寄与し、社会全体の向上をめざして保育所を設立したのである。

(2)　保育所の広がり

　これ以後、各地で同様の趣旨によって宗教家や社会事業家らが保育所を設置していった。また、一般的な保育所のほか、以下のような多様な形で保育所が広がっていった。

　第一に、工場や炭坑に付設された保育所である。工場や炭坑では、劣悪な労働条件のなかで労働者を確保するために、女子労働者を多数雇用していた。その子女の保育の確保の必要に迫られ、保育所を付設する工場や炭坑があらわれた。しかし、当然余裕のある大企業が中心であった。

　第二に、日露戦争時の戦時託児所である。代表的なものとして、生江孝之の指導によってつくられた神戸市婦人奉公会による保育所が知られる。戦争の終結後は、戦役紀念保育会として存続した。

　第三に、各地で地域施設として設置された隣保事業のなかの保育所である。隣保事業は日本的な相互扶助を基盤にしていて、地域の課題に応えようとする面をもっていた。その中心にあったのが保育所である。

　第四に、公立保育所である。1919（大正8）年に大阪市で設置されたのをはじめ、各地に広がる。保育所が必要とされるなかで、もはや自然発生的な民間の活動だけには依存できず、行政自身が保育に乗り出したのである。

　第五に、大きな動きではないが、無産者託児所がある。1930年代に、社会事業としての恩恵的な保育を批判し、労働者の立場に立つことをめざした無産者託児所の運動が起きてくる。しかし、社会主義運動との結びつきが強く、弾圧のなかで長続きしなかった。

　第六に、継続的な保育所とは性格が異なるが、農村で田植えと稲刈りの時期に、農繁期託児所がつくられた。これは1920年代に農村での生活不安を背景に、農民運動や小作争議が起きてくるなかで、農村の生活問題を緩和する策として農繁期に子どもを預かる託児所として設置された。学校や寺院などを借りて短期間開設するだけなので、経費もさほどかからないこともあって、農村の生活不安が激しくなる1930年代に大幅に増えていった。

　これら保育所は、社会事業のひとつとみなされたため、幼稚園とは別のものとなり、富裕な家庭を対象とする幼稚園と、貧しい人々の対策としての保育所に二分されることになる。

⑶　保育所の発展への努力

　幼稚園については、1926（大正15）年に幼稚園令が公布されて法的な根拠を得て一段と普及していく。しかし、保育所については相変わらず法的根拠がなかったため不安定であり、保育所や社会事業の関係者は法的基盤を求めて、託児所令の制定のための運動を行った。

　しかし、託児所令の制定はついに実現することはなく、わずかに1938（昭和13）年の社会事業法の制定で、社会事業施設のひとつとして法的な根拠を得たにすぎない。

　幼児教育や保育の発展には、多くの人々の苦労があったのだが、代表的な人物として倉橋惣三がいる。倉橋は幼児教育の理論を体系化するとともに、現場への指導を行い、保育の水準を大きく引き上げた。倉橋らによる『系統的保育案の実際』は日本での近代的保育カリキュラムと評価されている。

2．戦時下の保育

⑴　戦争と保育所

　1937（昭和12）年の全面的な日中戦争にはじまる戦時体制のもとで、保育所も戦時色から逃れられなくなった。保育の目的は戦争に役立つ人間づくりへと変質し、集団訓練や体力づくりに力点が置かれる。紙芝居や遊びも戦意をあおる内容になる。

　保育の指導者らもこの動きに加わり、たとえば倉橋惣三らは「報国保育」を唱えて戦時体制に適合する保育を推進した。ファシズムの色の濃い保育の流れに抵抗する動きとして、城戸幡太郎らによる1936（昭和11）年設立の保育問題研究会の活動もあったが、結局は戦争協力に傾斜していくことになる。そして、城戸や浦辺史らが逮捕されて、研究会は活動を停止する。

⑵　厳しい保育所の運営

　戦争が進むと、男性は次々と召集されて少なくなり、代わりに女性が労働者として働くことが求められた。そして、その間の保育の必要性が生じて、保育所の役割が高まった。そのために戦時託児所が設置されたり、幼稚園が戦時託児所に転換するなどした。皮肉なことに、戦時下のこうした動きが、戦後の保育所につながった面がある。

　戦争も末期になると、都市部では空襲が激化して、保育所も園舎が消失するなどの被害を受け、そのまま自然に消滅した園も少なくない。また、幼児が疎開をする必要が生じたため、疎開保育が実施された。保育所に通う子ど

もに限らず、たくさんの子どもが戦争の犠牲になっていく。

3．戦後の保育

(1)　戦後の保育所のスタート

　戦後の新しい時代をつくる動きのなかで、幼稚園と保育所とを一本化する動きもみられたが、結局、保育所は児童福祉法による児童福祉施設のひとつとなり、幼稚園は学校教育法による教育機関となる。保育所が戦前についになし得なかった法的根拠を得たという点では大きな前進であった。そして保育所、幼稚園とも増加し、数としては戦前をはるかに上回るようになる。しかしそれは、幼稚園と保育所が別々のものとして固定化することでもあった。

　実際、その後幼稚園と保育所は異なる方向に進んでいく。1951（昭和26）年の児童福祉法改正により、当時の厚生省、文部省とも、保育所と幼稚園の違いを強調するようになった。すなわち保育所は「保育に欠ける」ことが入所要件になり、主に両親ともに働いている子どもを支援するという、社会福祉的な性格をもった。幼稚園にはそうした要件はないため、教育の場としての性格が重視された。1963（同38）年には文部省、厚生省共同通知「幼稚園と保育所との関係について」により、二元的制度がいっそう固定化された。関係者のなかでは幼保一元化が絶えず要請されたが、実現することはなかった。

(2)　高度経済成長と保育所の発展

　高度経済成長期は、工業化による核家族化の進行のため、家庭の保育機能が低下するとともに、女性の職業進出が進んだ。また、高校や大学への進学率が高まり、それは一方で幼児教育への関心にもつながった。かつては幼稚園、保育所とも、一部の子どもだけが通うものでしかなかったが、誰もが通う場へとなったのである。こうして保育へのニーズは高まっていった。

　しかし、育児の責任を家庭にみる発想や、政策の優先順位として保育所が後回しになりがちななかで、保育所の拡充は十分なものではなかった。そのため、保育所の入所には相変わらず厳しい制約があった。

　そうしたなか、女性団体や労働組合などにより、保育所の増設を求める運動が起きてくる。これは保育所の増設はもちろん、乳児保育や保育時間の延長、保育士の労働条件改善などを求めていくものであった。

　1967（昭和42）年度より「保育所緊急整備五ヵ年計画」が実施されるなど、一定の整備が行われたものの、ニーズを満たすものではなかった。1969（同

44) 年には厚生省により、「保育所における乳児保育対策の強化について」が出されて、乳児保育の拡充も本格化しはじめた。

　一方で保育制度の矛盾や不十分さを問う動きがあり、そのひとつとして、1973（昭和48）年に大阪府摂津市が国を相手に提訴した「摂津訴訟」がある。これは保育所を設置する際、現実には法で定められた以上を地方自治体が負担する、いわゆる超過負担に対して裁判で争われ、結果的には敗訴するが、保育所を拡充するうえでの制度的な矛盾を明らかにした。

⑶　保育所の新たな発展に向けて

　保育所の不足はいつまでも解消せず、その間をぬってつくられたのが、児童福祉法による保育所としての認可のない、無認可の託児所である。無認可の託児所は、夜間・休日の保育、長時間保育、産休明け保育など、認可の保育所が対応しきれないニーズを満たすことで、一定の支持を得ていく。

　無認可の託児所には、保育運動のなかから生まれた良心的なものもあるが、儲け主義で保育条件の劣悪なものもみられた。1980年代初頭に、無認可の託児所の一種である、いわゆるベビーホテルで死亡事故がたびたび起きて問題化し、児童福祉法が改正されて行政による立ち入り権限が認められた。

　こうした事件がありながらも、保育所の拡充はいつも不十分であった。そこには「女性は家庭に入るべき」との考えや「子どもは３歳までは母親の手元でみないと発達に悪影響がある」との３歳児神話などが、政策のなかにも、また国民の意識のなかにもあったからである。ようやく保育所の拡充に真剣に取り組みはじめたのは、1989（平成元）年の1.57ショックの影響による少子化対策としてであり、1994（同６）年にはエンゼルプランが策定され、「緊急保育対策等５か年事業」により計画的に推進されていくことになる。1997（同９）年に児童福祉法が改正され、保育所は従来の措置制度から行政との契約制度へ移行した。

　1999（平成11）年度が「緊急保育対策等５か年事業」の最終年度であったことから、同年12月には「新エンゼルプラン」が策定され、2000（同12）年度から５年間で推進すべき保育サービスの内容を示している。さらに2004（同16）年12月に「少子化社会対策大綱に基づく重点施策の具体的実施計画について」（子ども・子育て応援プラン）が策定された。2010（同22）年には「子ども・子育てビジョン〜子どもの笑顔があふれる社会のために〜」が閣議決定され、「社会全体で子育てを支える」という視点から施策の目標が示された。同年、「子ども・子育て新システムの基本制度案要綱」が示され、新たな子育て支援体系が検討されることになり、2011（同23）年の「子ども・子育て

新システムについて」において基本的な考え方や改革案の具体的内容（ポイント）が示された。

(4) 最近の動向

　保育所を取り巻く最近の動向としては、少子化を背景とした幼稚園のサービス内容が保育所と接近し、両者の関係が改めて議論され、認定こども園*9 という新しいサービスが登場した。また、保育所に民間企業の参入を促す政策がとられるなど、保育所のあるべき姿が問われている。

＊9　第3章p.43も参照。

　さらに、2012（平成24）年には子ども・子育て支援法などの子ども・子育て関連3法が成立して、サービス給付体制の改革や、子育て支援の充実がなされた。しかし、都市部では、保育所への入所を希望しても入所することができない「待機児童」の問題が広がっている。政府は待機児童の解消をめざして対応しているものの、ニーズに追いつけない実態が続いている。政府としても、2013（同25）年に「待機児童解消加速化プラン」、2017（同29）年に「子育て安心プラン」を策定するなど取り組みを進めた。また2019（令和元）年10月から幼児教育・保育の無償化が実施された。

　2022（令和4）年にはすべての子どもや若者が幸せな生活ができる社会を実現することをめざして、こども基本法が制定された。さまざまな子育て支援が策定され、それにかかわる省庁も複数となり複雑化したことから、これらを一元化するために、2023（同5）年4月にはこども家庭庁が発足した。

　こうして課題の改善が進められてきた。しかし保育士の不足が深刻であるし、保育サービスが広がった一方で、質の低下への懸念が指摘されている。こうした状況を克服していくため、保育をめぐってさらに新たな動きが続くと思われる。

〈参考文献〉
　吉田久一『新・日本社会事業の歴史』勁草書房　2004年
　菊池正治・清水教惠・田中和男他『日本社会福祉の歴史　付・史料［改訂版］』ミネルヴァ書房　2014年
　高島進『社会福祉の歴史―慈善事業・救貧法から現代まで―』ミネルヴァ書房　1995年
　金子光一『社会福祉のあゆみ―社会福祉思想の軌跡―』有斐閣　2005年
　清水教惠・朴光駿編著『よくわかる社会福祉の歴史』ミネルヴァ書房　2011年
　田中和男・石井洗二・倉持史朗編『社会福祉の歴史―地域と世界から読み解く―』法律文化社　2017年
　中村強士『戦後保育政策のあゆみと保育のゆくえ』新読書社　2009年
　汐見稔幸・松本園子・髙田文子他『日本の保育の歴史―子ども観と保育の歴史150年―』萌文書林　2017年

第**3**章

●●● 社会福祉の意味と考え方 ●●●

キーポイント

> 　今や私たちの生活のなかで着実に定着した「社会福祉」という言葉。
> 　しかし、「福祉とは何なのか？」「社会福祉とはどのような意味か？」と問いかけられ、明確かつ包括的に説明することはきわめて困難ではないだろうか。また、保育士をめざしているみなさんのなかには、保育と福祉のつながりについてその関連性がみえてこない人もいるだろう。
> 　本章では、まず社会福祉のもつ意味を明らかにし、そのうえで社会福祉のさまざまな分野の概要を紹介する。また、併せて近年大きく変化しつつある動向を追うことで、その意味を今一度確認してみたい。

1　社会福祉の意味

1．社会福祉の登場

　日本における「社会福祉」という言葉は、日本国憲法第25条で「①すべて国民は健康で文化的な最低限度の生活を営む権利を有する。②国は、すべての生活部面について、社会福祉、社会保障及び公衆衛生の向上及び増進に努めなければならない」と定義されたことにはじまっている。

　本法は国がすべての国民に対しての生存権を認め、保障する義務があることを明らかにした最初の法である。戦前の恤救規則や救護法が国民の自助努力に重点を置いていたことから考えると、遅まきながら国民の生活は国が責任をもって保障することを約束した画期的な内容であるといえよう。

　なお、ここでいう「最低限度の生活」とは、あくまでも人間が生活していくにあたり「文化的」にみて最低限度必要であると考えられる保障をしなければならないということである。

　人々の生活は時とともに変化し、その時代の価値観や文化の影響を受けやすいので、当然「最低限度の生活」もその変化に合わせることになる。

　このように、社会福祉は国が保障する「健康で文化的な最低限度の生活」の一端を担っているのである。

2．保育と福祉の関連性

　そもそも「保育」という言葉が初めて使われたのは、1877（明治10）年の「東京女子師範学校附属幼稚園規則」であった。幼稚園で保育という言葉が使われていたことは、幼稚園、保育所ともに幼児を集団の場で指導するという点で流れが共通していたことを示唆している。しかしその後、幼稚園は幼稚園教育要領に基づいた教育施設として、保育所はその前身である託児施設を引き継ぎ、保育に欠け保護の必要性のある子どもを預かる児童福祉施設として、別々の目的をもつようになった。

　つまり、子どもを保護・育成するという保育の本質は幼稚園にも保育所にも共通するところではあるが、保育所は「保育に欠けている」子どもに補完的養護を提供する福祉施設であるという異なった目的があり、教育を提供する幼稚園とは区別されてきたのである。

　しかしその一方で、保護者の就労状況などによって利用施設を選択することは、子どもの最善の利益を考慮しているといえるのか、また、たとえ「保育に欠ける」状況下になくてもそれは「保育が満たされている」ことと同等とはいい切れないのではないかという指摘がなされてきた[*1]。

　この考えは「子ども・子育て新システム会議」（2010（平成22）年9月）において幼保一体化が進められるきっかけとなり、就学前の子どもに対する教育および保育ならびに保護者に対する子育て支援を総合的に提供する施設、総合こども園の設立が検討された[*2]。この仕組みは、当初、文部科学省と厚生労働省の二重行政の弊害による事務作業の煩雑さや財政支援の問題などで設置が進まなかったが、所管を内閣府に一本化することで、義務教育およびその後の教育の基礎を培うとともに、子どもの最善の利益を考慮しつつ、その生活を保障する「認定こども園」として本格実施されることとなった。

　さらに、2023（令和5）年には、保育所・認可外保育施設・保育事業・未就園児への対応とともに、就学前のこども施策は幼稚園を除きこども家庭庁に所管が引き継がれた。

3．生活と社会福祉

　「福祉」という言葉は、日々の暮らしをいかにうまく、よりよく暮らして

*1　これまでは、「保育に欠ける」ことが保育所への入所要件であった。しかし、子ども・子育て支援新制度においては、保育に欠ける・欠けないにかかわらず、幼児教育・保育を受けることを希望する保護者の申請に基づいて、客観的な基準をもとに「保育の必要性」の有無や必要量を認定することになった。

*2　当時、子ども・子育て新システム関連3法案は国会で可決されたものの、議員修正により「総合こども園法案」が廃案、「認定こども園法の一部を改正する法律案」が提案されたため、総合こども園は創設されなかった。

*3　人間の基本的欲求には、①生理的欲求（呼吸や睡眠など身体的活動に対する欲求）、②心理的または人格的欲求（愛情や所属など人間の対人的交渉においてみられる基本的な欲求）があり、このうち社会制度によって満たすことができる欲求を人間の基本的欲求と区別するために「社会生活の基本的要求」とよんでいる。

いくかという本来的な意味をもっている（下記コラム参照）。ここでいう「暮らし」とは、人々の生活や営みのことを指している。そこで「生活」という言葉についても考えてみたい。岡村重夫は「生活者たる個人と生活環境としての社会制度との相互関連の体系である」[1]といっている。つまり個人が社会制度と関係を結ぶことによって基本的要求（ニード）*3を充足してゆく営みが社会生活であると解釈されている。基本的要求は人間が人間社会に生きる限り必然的、かつ避けることのできないものであり、その7つの基本的要求それぞれに対応する社会制度があるとしている。個人はその社会制度との間に多数の社会関係を結んでいると考えられており、それは以下のようにあらわされている[2]。

a　経済的安定⇄産業・経済・社会保障制度

b　職業的安定⇄職業安定制度・失業保険

c　医療の機会⇄医療・保健・衛生制度

d　家族的安定⇄家庭・住宅制度

e　教育の機会⇄学校教育・社会教育

コラム　「福祉」という言葉

　ここで「福祉」という言葉について考えてみたい。

　「福祉」という言葉のルーツは英語で表記される"Welfare"にあり、これを英和辞書で調べてみると、「福祉・厚生」と訳されている。また、語源である"fare"は「暮らす」、"farewell"は「うまくやっていく」と訳されている。

　このことから、福祉とは「うまく暮らしていくこと」がその語源的意味であることがわかる。"しあわせ（Happiness）"などの概念は社会福祉や福祉そのものであると混同されがちであるが、しあわせになるために必要な基盤づくりが福祉にあると考えられているため、全く別の概念であるといえる。つまり、社会生活をいかにうまく構成することができるかがしあわせに向かう前提条件になるということである。

　福祉の専門性とは何であるのか理解することが困難で、福祉専門職のなかでもたびたび議論されるところであるのは、現場で協働する他専門職とは全く異なった専門性のあり方を実践において要求されるからかもしれない。

　f　社会的協同⇄司法・道徳・地域社会

　g　文化・娯楽の機会⇄文化・娯楽制度

　このように、私たちは社会生活を営むうえでさまざまな安定や機会を社会制度に要求していくわけであるが、関係を結ぶにあたって役割期待・役割実行という一定の法則が必要とされている。つまり、基本的要求を充足するためには各制度側から個人に対してある要求・規定が行われ（役割期待）、個人はその要求や規定を自分のものとして実行しなければならない（役割実行）というものである。

　たとえば、ある病気を患っている個人が治療したいと考え、医療機関で診察を受けると、早急に入院の手続きをとるように指示され（役割期待）、個人は入院の手続きをとった（役割実行）という具合にである。

　ここで注目すべきなのは、社会諸制度から出される役割期待はあくまでも客体的でしかなく、基本的に制度の相互関係は視野に入れていないということである。つまり、社会諸制度は個人の生活の一部にしかかかわらないのである。

　前述の例で、病気を患っている個人は病人であると同時に、会社員であるとしよう。「医療」と「職業」はお互いに無関係でそれぞれの専門性を追求しようとするので、「医療」は病気を完治させるという専門性のために個人に入院を期待するであろうし、「職業」は仕事を円滑に進めるという専門性のために出勤することを要求するだろう。この場合、極端にいえば、病気を治すことに専念し会社を辞めるか、勤務し続けて治療を断念するか、どちらか一方を選択する状況に陥るといえるのである。

　このように、社会関係で生じる役割期待は一方に応えるともう一方の役割期待に応えられないという役割葛藤が生じて、うまく生活できなくなっていく可能性がある。また、この問題の解決には個人差が生じるため、客体的立場にある社会諸制度では解決しきれない。

　そこで、再度個人が主体性をもってうまく生活ができるようこの部分に介入し解決するのが社会福祉の専門性であり、役割期待のバランスをとる立場に独自性があるといえる。このように、社会福祉は「社会関係の主体的側面の困難に着目する援助」[3]として、ここにその固有の視点をもつのである。

4．社会福祉の存在意義

　これまで述べたように、人間は生活を営むにあたってさまざまな社会関係を結んでおり、その役割を実行する過程で葛藤が生じていることがわかった。

また、社会福祉はその葛藤に対し、あくまでも主体的に社会制度を利用してうまく暮らしていけるよう援助する立場にあることも明らかにした。

　さて、生活基盤を整えるには社会的対応策を利用するが、その社会的対応策は広義の社会福祉、狭義の社会福祉に区別されている。

　ここで考えておかなければならないのは、国民の大多数が利用している一般的な援助では、生活基盤を安定させることができない人々が存在することである。主体的側面からの援助に専門性を置く社会福祉は、特にその部分に注目しておかなければならない。

　これについては、森のなかの木として社会福祉をとらえるという見方から説明するのがわかりやすい。つまり、国民の生存権を国が保障することを「森」とたとえた場合、たいていのパターンは一般施策である「林」（これが広義にあたる）で対応することができるが、一般施策はサービス提供の内容としては一律的であるため、どうしても一般施策では生活を安定させるのに不十分な人々が存在し、プラスαとしての「木」（これが狭義にあたる）でフォローする必要がある。この「木」が補充性といわれるものであり、より個別の事情に対応するという点で、社会福祉が担当すると考えられている。

　職業にしろ教育にしろ、すべてが一般施策で対応できるのであれば問題は起こらない。しかし、貧困がきっかけで経済的な問題や家庭の不和など関連する問題を引き起こしている、または、機能的なハンディキャップをもっていることで社会参加にハンディを背負わされているなど、一般施策では対応しきれないニーズをもっている人々に対し、特殊な制度やサービスと一般施策を併せて利用することで生活基盤を整えようと考えられたことが今日の社会福祉の原点なのである。

　かつて救貧的なイメージがあった社会福祉は、国民の権利が尊重されるようになった現在において、ウェルフェアからウェルビーイング（人権の尊重と自己実現）、つまり、個人の主体性を重視した積極的な人権の尊重として定着してきた。それは、社会福祉がノーマルになるための補完的な意味合いである慈善・博愛から、当然の権利として肯定されるようになってきたためであろう。

　最後に、戦後社会福祉思想、特に、障害者福祉についての思想に多大な功績を残した糸賀一雄の社会福祉の考え方を紹介する。

　「社会福祉という言葉はあくまでも『社会』という集団の中におけるひとりひとりの『幸福な人生』（福祉）を指すものである。社会福祉といっても、社会という集団が全体として『福祉的』でありさえすればよいというのではない。つまり、社会が豊かであり、富んでいれさえすれば、そのなかに生き

ている個人のひとりひとりは貧しくて苦しんでいるものがいてもかまわないというのではない。社会福祉というのは、社会の福祉の単なる総量をいうのではなくて、そのなかでの個人の福祉が保障される姿を指すのである」[4]。

　以上のようにその固有性が明らかにされた社会福祉の実体が、具体的にどのような援助に結びついてくるのかについては、次節で学んでいきたい。

2　社会福祉の範囲と法体系

1．社会福祉の範囲

　前節では、社会福祉の意味について説明したが、では、その実践がどの範囲まで提供されるのか、実は明確な線引きはされていない。

　長らくその基準と考えられてきたのは、1950（昭和25）年、社会保障制度審議会より出された「社会保障制度に関する勧告」であった。「いわゆる社会保障制度とは、困窮の原因に対し、保険又は直接公の負担において経済保障を図り、生活困窮に陥ったものに対しては、国家扶助によって最低限度の生活を保障するとともに、公衆衛生及び社会福祉の向上を図り、もってすべての国民が文化的社会の成員たるに値する生活を営むことができるようにすること」[5]とあり、具体的な分野として社会保険・国家扶助・公衆衛生・社会福祉の4分野を挙げている。特に戦後の復興を踏まえた国家扶助は主として生活保護を指し、社会福祉分野にもまたがって国民の最低限の生活を保障する柱と考えられたのである。

　このように社会福祉という言葉やその概念が深く模索される以前に、実体としての政策が展開されたため、生活保護法をはじめ、戦災孤児対策としての児童福祉法、傷痍軍人への保障である身体障害者福祉法の福祉三法を制度化することが急務であった。

　社会福祉事業法（現：社会福祉法）は、これら福祉三法の成立を追って、1951（昭和26）年に制定され、社会福祉事業の全分野における共通的事項を定めた[*4]。

　1960年代には、高度経済成長に伴う生活の変化もあいまって、精神薄弱者福祉法（現：知的障害者福祉法）、老人福祉法、母子福祉法（現：母子及び父子並びに寡婦福祉法）を含む福祉六法時代に移行した[*5]。

　1990年代には、高齢者の保健福祉の推進を図るための福祉関係八法改正が

＊4　第2章　p.27を
参照。

＊5　第2章　p.29を
参照。

行われ、社会福祉事業法、社会福祉・医療事業団法を加えた社会福祉八法時代が到来した。

2．社会福祉の法体系

(1) 社会福祉法

この法律は、1951（昭和26）年に制定された社会福祉事業法を2000（平成12）年に改題・改正したもので、わが国の社会福祉を目的とする事業の全分野の共通的基本事項を定めている。福祉サービスの利用者の利益の保護、地域における社会福祉の推進、社会福祉事業の公明かつ適正な実施の確保、社会福祉を目的とする事業の健全な発達を図ることなどを目的にしている。

法改正のきっかけとなった社会福祉基礎構造改革で、社会福祉制度の提供を福祉サービスの利用という新たな枠組みでとらえたことを受けて、措置制度から利用者本位の利用制度への転換、福祉サービスに関する情報の公開の義務、利用者保護の仕組みの導入などが図られ、わが国の社会福祉制度の大きな転換点となった。

全体に共通して通用する事項である総則には、社会福祉の目的、第一種社会福祉事業[*6]・第二種社会福祉事業[*7]の定義、福祉サービスの基本的理念、地域福祉の推進、福祉サービスの提供の原則、福祉サービスの提供体制の確保等に関する国及び地方公共団体の責務が規定されている。

そのほか、地方社会福祉審議会、福祉事務所、社会福祉主事、社会福祉法人、福祉サービスの適切な利用、福祉人材センター、地域福祉計画、社会福祉協議会、共同募金などについても定めている。

(2) 子ども家庭福祉にかかわる法律

① 児童福祉法

この法律は、社会の変化に応じて改正され、それに基づいて制度の改善が図られてきた。

1997（平成9）年の改正は、保育所を中心にその機能を変革し、保護だけではなく自立を支援するという新たな課題を盛り込んだ大幅な改正であった。

その後も、子ども虐待の増加や少子化社会の進行を背景にした、2000（平成12）年の児童虐待の防止等に関する法律の成立、2003（同15）年の少子化社会対策基本法や次世代育成支援対策推進法の成立、2012（同24）年の子ども・子育て関連3法の成立などに伴い、法改正が行われた。

2016（平成28）年には「児童の権利に関する条約」に基づき、その基本と

*6 経営安定を通じた利用者の保護の必要性が高い事業（主として入所施設サービス）。経営主体は国、地方公共団体および社会福祉法人が原則で、施設を設置して第一種社会福祉事業を経営しようとするときは、都道府県知事等への届出が必要である。

*7 公的規制の必要性が低い事業（主として在宅サービス）。経営主体の制限はなく、すべての主体が届け出をすることにより事業経営が可能となる。

なる「児童福祉の理念」について、児童は権利を持った主体であること、児童の最善の利益が優先されることが明確化された。児童が適切な養育を受け、健やかな成長・発達や自立等を保障される権利を有すること（第1条）、最善の利益が優先して考慮される存在であること（第2条）が明記され、児童が大人の従者ではない、ひとりの人である権利がようやく保障されたのである。

この流れは2023（令和5）年に施行された「こども基本法」にも引き継がれた。今までさまざまな省庁で実施されてきた子どもに関する取り組みを、社会全体で総合的かつ強力に実施するための共通基盤とし、まさに児童の最善の利益を社会全体で図るための大きな一歩となった。

さて、児童育成の責任については、引き続き国や地方公共団体の役割・責務を明確化するとともに（児童福祉法第2条第3項）、保護者が第一義的責任を負う（同条第2項）とされ、保護者の子育てに対する責任と権利、義務を明らかにした[*8]。

さらに、2022（令和4）年には、子育て世帯に対する包括的な支援のための体制強化等を行う目的で再度法改正が行われた。こども家庭センターの設置、児童育成支援拠点事業・親子再統合支援事業・里親支援センターの設置、意見表明等支援事業・こども家庭ソーシャルワーカーの導入など、「こどもまんなか社会」実現への具体的な方向性が示された。

②　母子及び父子並びに寡婦福祉法

この法律は、1964（昭和39）年に制定された「母子福祉法」にはじまり、もともとは成人していない子ども[*9]をもつ母子家庭に生活の保障を約束する法律であった。しかし、後に子どもが成人し、独立したことによって一人となった母親（寡婦）の保障についても認めるべきであるという声に、1981（同56）年、「母子及び寡婦福祉法」へ名称を変更した。目的は、母子家庭等・寡婦についての原理を明らかにしたうえで、生活の安定と向上のために必要な措置を講じることで、母子家庭等及び寡婦の福祉を図ることであった。

2002（平成14）年には離婚の急増等、母子家庭をめぐる諸事情の変化に対応するため、母子家庭の保護だけでなく、自立を促進することになった。

さらに、死別より離別を理由にしたひとり親家庭の増加は、父子家庭の対応をも急がせることになった。そもそも、ひとり親家庭の援助は金銭的な援助に注目されがちであったが、それは、離別では母親が子どもの親権をもつケースが多かったこと、父親は結婚や出産による就業形態の変化が少ないとされていたことが前提としてある。しかし、ひとり親家庭の困難は母子家庭だけでなく父子家庭でも同じように起こっていることが次第に明らかとなり、

*8　「児童の権利に関する条約」第5条で、保護者の子育てについて第一義的責任を示している。なお、「保育所保育指針」第4章「子育て支援」においても、保護者自身の主体性、自己決定を尊重することを基本としている。

*9　児童福祉法上では18歳未満を児童としているが、この法律では20歳未満を児童と定めている。

母子福祉対策に関するさまざまな援助を拡大解釈して父子家庭でも利用できるように配慮されるようになった。

そして、2014（平成26）年には母子及び寡婦福祉法の題名を「母子及び父子並びに寡婦福祉法」と改め、父子家庭への支援の拡大のほか、児童扶養手当法の児童扶養手当と公的年金等との併給制限の見直しなどの改正がなされた。

③　母子保健法

母子保健は当初、児童福祉法の一部として実施されてきた。しかし、総合的、体系的整備が十分行なわれないなどの理由から、1966（昭和41）年、母子保健法が制定された。

目的は「母性並びに乳児及び幼児の健康の保持及び増進を図るため、母子保健に関する原理を明らかにするとともに、母性並びに乳児及び幼児に対する保健指導、健康診査、医療その他の措置を講じ、もつて国民保健の向上に寄与すること」とされ、新生児、未熟児等が定義されている。

母子手帳の交付からかかわりが始まり、妊産婦や新生児、未熟児への訪問指導、1歳6か月児や3歳児の健康診査へと支援が続いていくが、特に近年、0歳児の子ども虐待の深刻化が問題視されるようになった。そのため母子保健から子ども福祉への切れ目のない連携の仕組みづくりを目指して、2015（平成27）年、子育て世代包括支援センター（母子健康包括支援センター）が設置されたが、2024（令和6）年4月より子ども家庭総合支援拠点と一元化し、こども家庭センターとして発足することになった。

④　児童虐待の防止等に関する法律（児童虐待防止法）

この法律は、1994（平成6）年、児童の権利に関する条約を日本が批准したことをきっかけに、子どもに対する虐待が社会問題として取り上げられるようになり、2000（同12）年に法制定に至ったものである。

本法では、身体的虐待・性的虐待・ネグレクト・心理的虐待の4つを児童虐待と定義づけ、躾と称して子どもに虐待を加えることはたとえ親権を行使する保護者であっても「その責めを免れることはない」とし、場合によってはそれを理由に親権を失う場合もあるとしたことは大きな転換点であった。残念ながら、本法が成立した後も虐待相談件数は増加し続けており、そのため、児童相談所から市町村への事案送致、臨検・捜索手続の簡素化、親子関係再構築支援などの対策強化が図られ、児童福祉法と併せて改正が重ねられている[10]。

⑤　子どもの貧困対策の推進に関する法律

この法律は、子どもの貧困対策を総合的に推進することを目的として

2013（平成25）年に制定され、2019（令和元）年に目的規定や基本理念が見直された。

目的は、「子どもの現在及び将来がその生まれ育った環境によって左右されることのないよう、全ての子どもが心身ともに健やかに育成され、及びその教育の機会均等が保障され、子ども一人一人が夢や希望を持つことができるようにするため、子どもの貧困の解消に向けて、児童の権利に関する条約の精神にのっとり、子どもの貧困対策に関し、基本理念を定め、国等の責務を明らかにし、及び子どもの貧困対策の基本となる事項を定めることにより、子どもの貧困対策を総合的に推進すること」とされ、児童の権利に関する条約を踏まえた内容に改正された[11]。

その他、子育ての経済的支援策として、児童扶養手当法、特別児童扶養手当法、児童手当法が定められている[12]。

(3)　低所得者の福祉にかかわる法律

①　生活保護法

広義の社会保障として、社会保険や公的扶助を利用するという一般策のほかに、貧困対策として生活保護法がある。

生活保護法は生活に困窮するすべての国民に対して、必要な保護を行い、その最低限度の生活を保障するとともに自立を助長することを目的としている。日本国憲法第25条の生存権保障を具体化した法であり、それを柱として国家責任・無差別平等・最低生活の保障・保護の補足性の各原理と、申請保護・基準および程度・必要即応・世帯単位の各原則が定められている。

また、戦前の慈善的な福祉のイメージを払拭するものとして不服申し立てができ、その代表的な裁判として朝日訴訟[13]が挙げられる。

近年では、社会的入院、DV、虐待、多重債務、元ホームレスなどの多様な問題により、受給が長期化する傾向がみられるため、2005（平成17）年より自立支援プログラムが積極的に取り入れられている[14]。

②　生活困窮者自立支援法

稼働年齢層と考えられる生活保護受給世帯が増加したことや、いわゆる貧困の連鎖も問題視されたことで、生活保護に至る前の自立支援策の強化を図るとともに、生活保護から脱却した人が保護に再び頼ることのないように、生活保護制度の見直しと新たな生活困窮者対策の一体実施が不可欠と考えられるようになったことが背景にある。

本法は、現に経済的に困窮し、最低限度の生活を維持することができなくなるおそれのある生活困窮者に対し、生活困窮者自立相談支援事業の実施、

*11　子どもの貧困については p.93のコラムを参照。

*12　詳細は第5章参照。

*13　朝日訴訟については第2章 p.30を参照。

*14　生活保護の詳細や事例については第5章 p.81を参照。

*15 生活困窮者自立
支援制度については第
5章p.88を参照。

生活困窮者住居確保給付金の支給、そのほかの生活困窮者に対する自立の支援に関する措置を講ずることにより、生活困窮者の自立の促進を図ることを目的としている[15]。

(4) 障害者の福祉にかかわる法律

① 障害者総合支援法

障害者基本法・障害者基本計画の改正を受けて、2012（平成24）年、障害者自立支援法が、「障害者の日常生活及び社会生活を総合的に支援するための法律」（障害者総合支援法）へと改称・改正された。

本法では「基本的人権を享有する個人としての尊厳にふさわしい日常生活又は社会生活を営むことができるよう」（第1条）、障害福祉サービスに係る給付に加え、地域生活支援事業による支援を明記し、それらの支援を総合的に行うこととされた。

さらに、障害者基本法の基本的な理念に沿って、「全ての国民が、障害の有無にかかわらず、等しく基本的人権を享有するかけがえのない個人として尊重されるものであるとの理念にのっとり、全ての国民が、障害の有無によって分け隔てられることなく、相互に人格と個性を尊重し合いながら共生する社会を実現」（第1条の2）するべきであるとされた。

そのためには、全ての障害児（者）が「可能な限りその身近な場所において必要な日常生活又は社会生活を営むための支援を受けられることにより社会参加の機会が確保されること」「どこで誰と生活するかについての選択の機会が確保され、地域社会において他の人々と共生することを妨げられないこと」、そして、障害児（者）にとって日常生活又は社会生活を営む上で障壁となるような社会における制度などを除去することを、総合的かつ計画的に行わなければならないとしている（第1条の2）[16]。

*16 2024（令和6）
年より、地域生活支援
拠点の整備や就労選択
支援の創設などに関す
る法改正が施行される。

*17 以下各法におけ
る障害者の定義は第7
章p.113を参照。

② 身体障害者福祉法

この法律の目的は、身体障害者の自立と社会経済活動への参加を促進するために、援助、保護し、身体障害者の福祉の増進を図ることであり、身体障害者・事業・施設が定義されている[17]。

③ 知的障害者福祉法

この法律は、以前には精神薄弱者福祉法とよばれていたが、精神薄弱という言葉がもつイメージ等の問題から、1998（平成10）年に知的障害と表現を改めたものである。

目的は、知的障害者の自立と社会経済活動への参加のための援助をするとともに、必要な保護を行うことによって知的障害者の福祉を図ることにある。

この「知的障害者の自立と社会経済活動への参加」は、2000（平成12）年の法改正時に新たに規定されており、身体障害者福祉と同様、地域生活を視野に入れていることが理解できる。

④　精神保健及び精神障害者福祉に関する法律

この法律は、1987（昭和62）年に「精神衛生法」から「精神保健法」に改題され、さらに1995（平成7）年、「精神保健及び精神障害者福祉に関する法律」（精神保健福祉法）へと改題改正されたものである。目的は精神障害者等の医療および保護、社会復帰の促進や自立、社会経済活動への参加促進、発生の予防や国民の精神的健康の保持・増進などに努めることとしている。

内容としては精神保健福祉センター、地方精神保健福祉審議会、精神医療審議会、精神保健指定医、精神科病院、精神障害者保健福祉手帳、精神障害者社会復帰促進センターなどについて規定されている。

⑤　発達障害者支援法

この法律は、今まで障害であることを認識されず、十分な支援を受けることができなかった発達障害について明確な定義と理解、支援が進むよう、2004（平成16）年に制定されたものである。

法施行から10年が経過し、時代の変化に対応したよりきめ細やかな支援が求められるようになったことから、2016（平成28）年には支援の充実を図る改正が行われた。特に、「全ての国民が、障害の有無によって分け隔てられることなく、相互に人格と個性を尊重し合いながら共生する社会」（第1条）を実現するためには、発達障害者にとっての「社会的障壁」を取り除く必要があると明記されたことは大きな視点の変換であったといえよう。

発達障害者支援センターは、発達障害者やその家族への相談助言、発達支援や就労支援を行うとともに、医療・保健・福祉、教育等にかかわるものへの情報提供や研修の基幹的支援拠点として位置づけられている。

(5)　高齢者の福祉にかかわる法律

①　老人福祉法

高齢者の福祉に関する原理を明らかにするとともに、高齢者に対し、その心身の健康の保持および生活の安定のために必要な措置を講じることで、高齢者の福祉を図ろうとする目的のもと1963（昭和38）年に定められた法律である。

その基本的理念では、高齢者を「多年にわたり社会の進展に寄与してきた者」「豊富な知識と経験を有する者」と位置づけ、老齢によって心身は変化していても、社会的活動に参加する社会構成員の一人と考えている。

本法では「老人」の明確な定義はなされていないが、老人居宅介護等事業（ホームヘルプサービス）や老人デイサービス事業・老人短期入所事業（ショートステイ）等の支援対象者を「65歳以上の者」としている。

② 介護保険法

　この法律は、①家庭の介護力低下、②高齢障害者の増加、③超高齢社会への進展にあたり、各家庭が過重な介護負担を背負うことなく、誰もが安心して暮らせるよう、社会全体で介護を支えるために設けられた介護保険制度[18]の保険給付等に関して必要な事項を定めたものである。

　具体的には、被保険者、要介護状態、要支援状態、保険給付、介護認定審査会、介護保険事業計画などについて定められている。また、同法は今までの介護保険制度の流れや社会背景の変化を踏まえながら、3年で見直し（改正）を行うように定められており、その改正をもとにして介護保険制度の内容も変更される。

③ 高齢者の医療の確保に関する法律

　老人福祉法が制定されてから、①過去10年間における老人医療費無料化が老人医療費の急増をまねいたこと、②治療中心で健康づくり等の予防対策が手薄であったこと、③各医療健康保険制度間に老人の加入者割合のばらつきがあったことによる負担の不均等をまねいたことなどの問題が浮上し、老人の医療・保健サービスの新たな法律として1982（昭和57）年に老人保健法が制定された。

　しかし、高齢社会の進展に伴い、さらなる高齢者医療費が増大したことにより、新たな高齢者医療の枠組みが必要となった。2006（平成18）年に健康保険法等の一部を改正する法律が成立し、老人保健法は「高齢者の医療の確保に関する法律」（高齢者医療確保法）に改められた。都道府県ごとにすべての市町村が加入する広域連合が保険者となり、75歳以上の高齢者および65歳から74歳以下の寝たきり高齢者等を被保険者とする「後期高齢者医療制度」に引き継がれた[19]。

(6) 社会福祉に携わる専門職にかかわる法律

① 社会福祉士及び介護福祉士法

　この法律は、1987（昭和62）年に成立し、社会福祉専門職を初めて国家資格として定めたものである。

　社会福祉士は、身体上、精神上、環境上の理由によって日常生活を営むのに支障がある者の福祉に関する相談に応じ、助言、指導、福祉サービスや医師、保健医療サービス等の関係者との連絡・調整を行いながら援助を行う者

＊18　介護保険制度については第8章p.130〜を参照。

＊19　後期高齢者医療制度については第8章p.135を参照。

である。社会福祉に関する科目を修めた者や実務経験を積んだ後に養成施設
などで知識や技能を修めた者などが年1回の国家試験を受験し、合格するこ
とによってその名称を使用することができる。

　また、介護福祉士は、身体上、精神上の障害があることによって日常生活
を営むのに支障がある者につき心身の状況に応じた介護を行い、その者およ
びその介護者に対して介護に関する指導を行う者をいう[20]。これまで実務経
験3年以上の者等について国家試験（筆記と実技または介護技術講習終了）
を実施してきたが、2017（平成29）年度（第30回国家試験）より、介護福祉
士養成施設で必要な知識や技能を習得した者についても国家試験が導入され
た。

②　精神保健福祉士法

　この法律は1998（平成10）年より施行された、社会福祉士・介護福祉士に
続く社会福祉分野の新しい国家資格であり、従来精神病院やそのほかの医療
施設で援助を行っていたPSW（psychiatric social worker：精神医学ソー
シャルワーカー）が精神保健福祉士として国家資格化されたものである。

　精神保健福祉士とは、精神障害者の保健および福祉に関する専門的知識お
よび技術をもって、精神科病院そのほかの医療施設において精神障害の医療
を受け、または精神障害者の社会復帰の促進を図ることを目的とする施設を
利用している者の社会復帰に関する相談に応じ、助言、指導、日常生活への
適応のために必要な訓練その他の援助を行う者をいい、名称の使用制限の義
務等は社会福祉士・介護福祉士と同様である。

　精神保健福祉士の養成のあり方に関して、その役割の拡大などを理由に養
成カリキュラムの見直しが行われ、2021（令和3）年より順次導入されてい
る。社会福祉士の資格を所有している者が精神保健福祉士を受験する場合、
社会福祉士試験と同様の科目を免除するなどの互換はすでに行われているが、
養成カリキュラムの内容の充実、実習・演習の充実、実習施設範囲について、
見直しを行ったものである。

　以上、一部の困難を抱える人々のための狭義での理解がされがちであった
社会福祉は、全世代すべての人々が利用するセーフティネットとして認識さ
れるようになった。

　現在、少子高齢化の進展、雇用環境の変化、貧困・格差の問題など、社会
が大きく変化したことで、社会福祉がその骨格を担っている社会保障制度そ
のものの運用に困難が生じている。

　次項では近年の福祉の動向を追うことによって、これからの社会福祉がめ

　*20　2011（平成23）年の法改正によって、2015（同27）年度国家試験合格者から介護福祉士の業務として喀痰吸引等の業務が加わった。2012（同24）年からは基本研修と実地研修を修了した介護職員は認定特定行為業務従事者として同様の行為が可能となった。

ざそうとしている方向を考える。

3．変わりゆく現代の社会福祉

(1)　1990年以降の福祉の動向

　敗戦後、貧困対策からスタートした社会福祉は社会的弱者といわれる人々を救うことから社会的弱者をつくり出さないように防ぐことまでたどり着いた。しかし、高度経済成長期を経て、高齢化、国民意識の多様化・個性化、家族形態の変化、所得水準の向上等によってその環境は大きく変化した。そのため、人生80年時代にふさわしい長寿・福祉社会を実現すべく、新たな社会福祉の展開が求められたのである。

　この頃から、福祉事業を "サービス" とよび、国民の多様化・高度化した福祉に対する需要に応えようとするようになったが、このような在宅・地域福祉推進の背景には、ノーマライゼーション思想の導入がある。ノーマライゼーションとは、できる限り文化的に通常である身体的な行動や特徴を維持・確立するために、可能な限り文化的に通常となっている手段を利用するという思想である。今まで慈善・保護的思想が強かった日本の社会福祉は、個を重視した利用者主体の政策へと移り変わりをみせ、利用者がサービスを自ら選択して利用するようになった。

　しかし、具体策が次々と利用者による選択の尊重に取り組むなかで、措置制度から契約制度へのサービス利用方法の転換や社会福祉体制の確立など、基礎となる構造に変更が加えられることがなかった。そこで、社会福祉の基礎構造全般の抜本的な改革・強化のために、社会福祉基礎構造改革がとりまとめられ、2000（平成12）年に「社会福祉の増進のための社会福祉事業法等の一部を改正する等の法律」が施行された。

(2)　社会保障制度改革

　こうして、狭義から広義の意味合いで福祉がとらえられるようになったのと同時に、少子高齢化といった人口構成の大きな変化、非正規労働者の増大など雇用基盤の変化、家族形態・地域基盤の変化など、社会保障制度を支える社会経済情勢には大きな変化が生じ、セーフティネットに生じたほころびや貧困・格差の拡大など、新たな課題への対応が求められるようになった。

　特に課題となったのは、少子高齢化が急速なスピードで進行するなか、給付は高齢世代中心、負担は現役世代中心という現在の社会保障制度が、人口構成の変化に対応し、世代間・世代内の公平が確保されているとはいえない

点であった。

　そのため、今後は、年齢を問わず負担能力に応じた負担を求めていくなど
制度を支える基盤を強化し、国民の自立を支え安心して生活ができる社会基
盤を整備する社会保障の原点に立ち返ることで全世代対応型の制度への転換
をめざし、持続可能な社会保障制度確立を図るための改革推進に関する法律
が2013（平成25）年に成立した。

　注目すべきは、国民が自立した生活を営むことができるよう、家族相互お
よび国民相互の助け合いの仕組みを通じてその実現を支援していくことが重
視され、自助と相互扶助や連帯に基づく共助で対応できない場合に公助に
よって生活を保障すると明言されたことであろう。

　また、全世代対応型の社会保障制度は、高齢者3経費（基礎年金・老人医
療・介護）から社会保障4経費（年金・医療・介護・子育て）に消費税の使
い道を変更し、未来への投資を強化することとしたのである。

　以下、社会保障制度改革で特に注目された3点を挙げておく[21]。

① **貧困問題**

　バブル崩壊、リーマンショックの波及がもたらした金融危機と同時不況に
よる雇用状況の悪化等によって、職や住居を失った稼働年齢層の生活保護受
給者が高齢者世帯に加え増加しており、そのうち約25％の世帯主が出身世帯
も生活保護を受給しているという、いわゆる「貧困の連鎖」が課題となった。

　そこで、経済的に困窮しているもの、非正規労働者、年収200万円以下の
給与所得者、高等学校中退者、無業者などを対象とし、求職者支援法（職業
訓練の実施等による特定求職者の就職の支援に関する法律）による「第2の
セーフティネット」が整備された。就労・自立支援のため、離職によって住
居を失っているもの、雇用保険受給資格がなく（または受給を終了して）就
職活動中で生活費に困っているものを対象に、住宅支援、入居資金の貸付、
生活資金の貸付、就職支援を実施し、また、支援が必要な人に確実に保護を
実施するためにも、長年にわたり課題とされてきた不正・不適正受給対策、
就労指導を強化することで自立の促進を図ることとした。

② **子ども・子育て支援新制度**

　社会保障制度に「子育て」が加えられたことで、出生率の低下に伴う急速
な少子化の進行、子育ての不安や孤独感を抱く家庭の増加、待機児童数の増
加の諸問題への対応が、内閣府を中心とした子ども・子育て支援新制度[22]に
関する一元的体制に移行されることとなった。

　貧困問題が稼働年齢層に大きな影響を与えていることは前述した通りであ
るが、いわゆる"一家の大黒柱"が稼ぎ手となって家族を養うのではなく、

*21　社会保障制度改革で示された論点の展開については、第5章 p.91を参照。

*22　子ども・子育て支援新制度については、第1章p.21も参照。

両親ともが有職者である代わりに、家事や育児についても母親だけに背負わせず父親と分かち合う家族の形が一般化するようになってきた。それにもかかわらず、依然として待機児童数が改善されないことや子どもをもつ母親が働きにくさを感じていること、また、職の有無によって子どもに与える環境が左右されてしまうことなど、子育てをめぐる実際問題は解消に時間がかかりすぎていた。そのため子育てに楽しさよりも困難さを感じた第二次ベビーブーム期を筆頭とした若年層は、子どもをもつことに夢を感じられなくなってしまったのである。

＊23 2014（平成26）年7月に開催された全国知事会議において、若年人口の減少により地域経済の活力が奪われ人口流出に拍車がかかることが地方の消滅、やがては国全体の活力の低下につながりかねないとされ、「少子化非常事態宣言」が採択された。

　社会の活力*23を取り戻すことが急務となった今、子どもの最善の利益と保護者が安心して子育てできる社会づくりのため、認定こども園の設置等、ハード面の整備を中心に社会保障の一部として子ども福祉分野をとらえるようになったといえよう。

③　障害者施策

　先に述べた障害者総合支援法の前身である「障害者自立支援法」では、障害の種別にかかわらずサービスが一元化されるなど新しい取り組みが盛り込まれた。さらにサービス利用における応益負担といった根本的課題などを解決すべく再度見直され、障害者総合支援法が成立した。

　つまり、法律の目的が「自立した日常生活又は社会生活を営むことができるよう」（障害者自立支援法）から「基本的人権を享有する個人としての尊厳にふさわしい日常生活又は社会生活を営むことができるよう」（障害者総合支援法第1条）に改正されたことは、障害者の自立の前提として、障害者の暮らす社会で個人の尊厳が守られているのかという問題提起と受け取ってよいだろう。しかし、「可能な限りその身近な場所において必要な日常生活又は社会生活を営むための支援を受けられることにより社会参加の機会が確保される」（障害者総合支援法第1条の2）とされたことは、障害があることで保護のみの対象になるのではなく、自助や共助を優先することでできうる限りの地域社会での自立をめざし、公助を軽減する方向性を示している。

　このように、公助に頼る傾向が強かった今までの社会保障はそのすべての分野について、公助の限界を遠巻きに示すようになってきた。

　つまり、いわゆる公助の福祉は"サービス"としての福祉の提供とは根本的に別であることを明示したといえよう。

　福祉のあり方は人々の生活の姿を反映し、時代に応じてその姿を変えていくものではあるが、そのなかで福祉マインドを見失わないためにも「社会福祉とは何か？」常に問い続ける哲学が必要なのであろう。

〈引用文献〉
　1）岡村重夫『社会福祉原論』全国社会福祉協議会　1983年　p.83
　2）同上
　3）同上書　p.91
　4）糸賀一雄『福祉の思想』日本放送出版協会　1995年　p.67
　5）厚生労働省「社会保障制度に関する勧告」1950年

〈参考文献〉
河合幸尾・宮田和明『社会福祉と主体形成—90年代の理論的課題—』法律文化社
　　1991年
厚生労働統計協会『国民の福祉と介護の動向2023/2024』厚生労働統計協会　2023年
厚生労働省「社会保障に関する基礎資料」2012年
　　https://www.mhlw.go.jp/stf/shingi/2r9852000001r86x-att/2r9852000001r8r8.pdf
社会福祉の動向編集委員会『社会福祉の動向2023』中央法規出版　2023年
中園康夫『ノーマリゼーション原理の研究—欧米の理論と実践—』海声社　1996年
仲村優一『社会福祉概論［改訂版］』誠信書房　1998年
保育福祉小六法編集委員会編『保育福祉小六法』みらい　2023年
福祉関係三審議会合同企画分科会「今後の社会福祉のあり方について（意見具申）—
　　健やかな長寿・福祉社会を実現するための提言—」1989年
中央社会福祉審議会社会福祉構造改革分科会「社会福祉基礎構造改革について（中間
　　まとめ）」1998年
内閣府「社会保障・税一体改革大綱について」2012年
厚生労働省「地域社会における共生の実現に向けて新たな障害保健福祉施策を講ずる
　　ための関係法律の整備に関する法律について」2013年
厚生労働省「介護保険制度改正の概要及び地域包括ケアの理念」2014年
厚生労働省「母子及び寡婦福祉法の改正等について～ひとり親家庭の支援～」2014年
厚生労働省子ども家庭局母子保健課長「母子保健施策を通じた児童虐待防止対策の推
　　進について（通知）」2018年
厚生労働省事務次官通達「母子保健法の施行について」1966年
厚生労働省社会・援護局障害保健福祉部「精神保健福祉士養成課程における教育内容
　　等の見直しについて」2020年
厚生労働省社会・援護局地域福祉課「生活困窮者自立支援制度について」2015年
厚生労働省社会・援護局障害保健福祉部「社会保障審議会障害者部障害者総合支援法
　　等の改正について」2023年

第**4**章

●●● 社会福祉の実施体制と財源 ●●●

キーポイント

　わが国の社会福祉は、日本国憲法第25条の生存権が基盤となっている。その生存権を保障するために社会福祉関係法の規定に基づいて、その多くが国の責任によって実施されてきた。これまでの社会福祉は、国を中心に都道府県を経由して市町村に至る上から下へと流れる実施体制であったが、社会福祉の分権化によって市町村を中心とした社会福祉の実施体制へと転換してきている。そこで本章では、社会福祉の行政が国や地方公共団体によってどのように担われ、運営されているかを理解していきたい。

　また、実際の福祉サービス提供の段階では、国や地方公共団体など公的な機関よりも、社会福祉法人をはじめ、協同組合、特定非営利活動法人、企業など、行政関与の度合いが高い団体から低いものまで多くの民間団体に担われている。

　さらに、社会福祉の基礎構造改革で掲げられた新たな社会福祉理念の実現に向けて転換した、社会福祉の実施方法や財源について学習していきたい。

1　社会福祉の公的機関

1．社会福祉における国と地方公共団体の役割

　社会福祉の仕組みの多くは、公共の制度として運営されている。その中心となる公的機関には、大きく国と地方公共団体との2種類があり、地方公共団体には都道府県と市町村がある。国は、社会福祉の法律の作成や政策の企画・立案など、社会福祉の基本的な制度設計を中心的に担い、それに基づく実際の福祉サービスの提供は地域住民に一番身近な市町村が担当し、都道府県は福祉サービス供給主体にかかわる事務や市町村の支援を行う（図4－1）。

　公的機関が社会福祉を実施するにあたっては、国であれば法律によって、地方公共団体であれば条例によってその実施する内容が定められている。法律には、その施行に関する規定があるほか、最低基準、要綱、運営規定、運

図4－1　わが国の社会福祉の実施体制

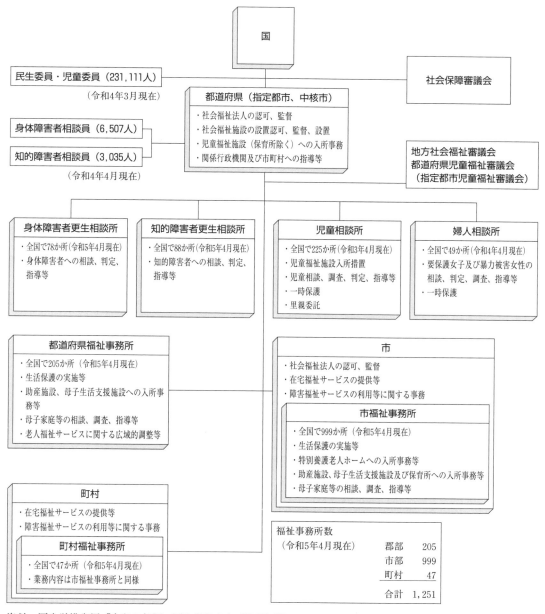

資料　厚生労働省編『令和5年版　厚生労働白書［資料編］』日経印刷　2023年　p.194

営基準など、法律や条令を補足する多くの細則がある。

　生活保護や福祉サービスの提供にあたっては、生活保護法や福祉サービスを規定する各法によって、提供組織や利用資格などが定められている。また、国や地方公共団体が、実際にこれらの法に基づいて運営する場合には、利用者の審査・決定手続き、費用負担の基準や額など、その具体的内容を定めた

要綱や規定があり、それに基づいてサービスが提供されることになる。

　国と地方公共団体の関係は、1999（平成11）年の「地方分権の推進を図るための関係法律の整備等に関する法律」（通称：地方分権一括法）の成立によって、かつての国の指揮監督のもとに地方公共団体が事務を実施する上下関係ではなく、国と地方公共団体が対等な関係で事務を分担することとなった。

＊1　ナショナルミニマムとは国民の最低限の生活の意味で、現代の社会福祉や社会保障は、これの保障を基本理念として位置づけている。

　社会福祉の分野では、生活保護がナショナルミニマム＊1の観点から国が地方公共団体に委託できる「法定受託事務」となり、住民の生活や健康にかかわる福祉サービスなどの事務は、地方公共団体が主体的に実施する「自治事務」となった。これにより、社会福祉の実施主体として地方自治体の役割が大きくなってきている。

　さらに2011（平成23）年の「地域の自主性及び自立性を高めるための改革の推進を図るための関係法律の整備に関する法律」（地域主権一括法）により、数次の一括法が成立している。同法では、法令による義務づけ・枠づけを緩和しており、たとえば、第一次一括法で児童福祉法を改正し、児童福祉施設の設備および運営については、都道府県が条例で基準を定めることとなった。

2．国の社会福祉の機関

(1)　厚生労働省

　わが国の戦後の社会福祉行政の中心を担ってきた厚生省は、社会福祉・社会保障政策と労働政策との連携強化をめざして、2001（平成13）年1月に労働省と統合再編され、厚生労働省が誕生し、引き続き国の社会福祉の公的機関としての役割を担っている。なお、厚生労働省の各部局のうち、社会・援護局、老健局の2局が社会福祉に関する事務を担当している。

①　社会・援護局

　保護課、地域福祉課、福祉基盤課などが設置され、生活保護や地域福祉計画、社会福祉施設の整備、社会福祉にかかわる人材の養成などを担当している。また、社会・援護局には障害保健福祉部が置かれ、障害福祉サービスは、主に障害福祉課が担当している。

②　老健局

　介護保険計画課、高齢者支援課、認知症施策・地域介護推進課、老人保健課などが置かれ、介護保険サービスなど高齢者にかかわる福祉・保健サービスを分担している。

　このほか、社会福祉に関する国の附属機関として厚生労働大臣の諮問機関である社会保障審議会がある。この審議会は、社会福祉・社会保障に関する

事項を調査審議することが役割で、審議会全体で議論するほか、社会福祉各法に定められた審議会業務を行う分科会や重要な政策課題に応じて集中的に議論する部会を設置している。

(2)　こども家庭庁

　内閣府の外局として2023（令和5）年4月に発足をしたこども家庭庁は、厚生労働省や内閣府が所管してきた少子化対策や子育て支援などの政策を一体的に担うとともに、各府省庁で横断的に取り組むべき子ども政策を幅広く企画立案し主導していく役割を担う。厚生労働省と内閣府から移管された部局は「長官官房」「成育局」「支援局」の3部門からなる。

①　長官官房

　予算編成や企画立案、こども大綱の策定にかかわる総合調整、こども政策にかかわる情報発信や広報、こども関連業務従事者の性犯罪歴等確認の仕組み（日本版DBS）[2]にかかわる企画立案、システム構築・運用などを担う。

②　成育局

　母子保健課や保育政策課など妊娠・出産支援や母子保健、子育て支援など就学前のすべての子どもの育ちの保障を担う。

　なお、教育に関わる施策は引き続き所管する文部科学省と連携をとりながら取り組むこととなった。

③　支援局

　家庭福祉課や虐待防止対策課、障害児支援課など、ひとり親家庭の援助や子どもの貧困対策、児童虐待防止、社会的養育、障がい児など困難を抱える子ども・若者対策を担う。また、いじめ防止を担い文部科学省と連携して施策に取り組む。

　また、こども家庭庁は、各府省庁に改善を求める「勧告権」も持ち、こども政策の推進を主導する役割がある。

3．地方公共団体の社会福祉の機関

(1)　都道府県・政令指定都市、市町村の福祉行政体制

　地方公共団体の社会福祉の公的機関は、大きく分けて施策や制度の企画・運営や財務などの管理を担当する管理運営部門と、社会福祉の現場や窓口に出て住民と接しながら審査、相談・援助などの福祉サービスを提供する現業部門がある。

　都道府県・政令指定都市の場合、民生関係部局が管理運営部門にあたるが、

*2　DBS：Disclosure and Barring Service の略。子どもにかかわる仕事に就く人に性犯罪歴がないことを確認する制度。イギリスですでに導入されており、日本でも、子どもにかかわる事業者が雇用の際に、政府が管理する性犯罪歴の記録を確認し、性犯罪歴をもつ者の就業を回避する制度として、導入が検討されている。

自治体によって民生部や生活福祉部など名称は異なる。部内には社会課、児童課、福祉課などがあり、社会福祉法人の認可、監督、社会福祉施設の設置、認可、関係行政機関、市町村への指導などを行っている。なお、近年は、保健・医療・福祉サービスの総合的な提供という観点から、保健部と福祉部が統合された保健福祉部として設置されているところもある。

現業部門は、福祉事務所や児童相談所、社会福祉施設などとして設置され、各種福祉サービスを提供している。このうち福祉事務所や児童相談所は、福祉サービスの利用を希望する人に対して、その申請を受理し、調査あるいは審査・判定し、一定の基準に照らして福祉サービス利用の可否を判断し行政処分を行う実施機関としての権限ももっている。

また、市町村の社会福祉の公的機関も都道府県等と同じ構造であるが、管理運営部門と現業部門との区別が明確ではなく、管理運営部門の民生関係部局が現業部門である福祉事務所や福祉センターを兼ねている場合もある。なお、社会福祉の行政事務について、基本的には都道府県と政令指定都市は同様の業務と権限をもち、中核市もこれに準じた業務と権限をもっている。

(2) 福祉事務所

福祉事務所は社会福祉行政の第一線機関として位置づけられ、社会福祉法では都道府県、市（特別区を含む）について設置が義務づけられている。町村については任意設置となっている。

都道府県の福祉事務所（郡部福祉事務所）は、主として生活保護にかかわる事務と範域下の町村における福祉行政の実情把握、助言・支援など連絡調整事務を担当している。市町村の設置する福祉事務所（市部福祉事務所）は、生活保護のほかに福祉サービスにかかわる事務を担当している。

(3) 児童相談所

児童相談所は、児童福祉法で児童福祉行政の第一線機関として位置づけられ、都道府県と政令指定都市に設置が義務づけられている。中核市と特別区にも設置することができる。

児童相談所では、子どもに関する問題について、家庭や学校、地域などからの相談に応じて、子どもやその家庭について必要な調査や社会診断、心理診断、医学診断、行動診断、そのほかの診断に基づいて判定し、必要な指導を行っている。

このような「相談機能」のほか、児童相談所は子どもを一時的に保護する「一時保護機能」、子どもを児童福祉施設への入所や里親などへ委託する「措

置機能」という基本的な機能をもっている。

　さらに児童相談所は、市町村と役割分担して連携を図っており、児童家庭相談に関する一義的窓口である市町村に、情報などを提供し、専門的知識および技術を必要とする相談に対応する「市町村援助機能」がある。

　2022（令和4）年には、子育て世帯に対する包括的な支援のための体制強化などを目的に、児童福祉法および母子保健法の改正が行われた。児童相談所に関する主な改正点は、①一時保護所の設備・運営基準を策定して一時保護所の環境改善を図ること、②里親委託や施設入所、一時保護等の措置決定の際に児童に意見を聴取する仕組みの整備、③一時保護開始時の判断に関する司法審査の導入などである。

⑷　こども家庭センター

　こども家庭センター（図4-2）は2022（令和4）年の児童福祉法改正で、市区町村にこれまで設置してきた子ども家庭総合支援拠点（児童福祉法）と子育て世代包括支援センター（母子保健法）の組織体系を見直し、妊娠期から子育て期にわたるまでの切れ目のない支援をワンストップで行う拠点機能を維持し、すべての妊産婦、子育て世帯、子どもへ総合的相談や支援を一体的に行う機関として設置に努めることとされた。

　この相談機関では、児童および妊産婦に関する実情の把握、情報の提供、

図4-2　こども家庭センターのイメージ

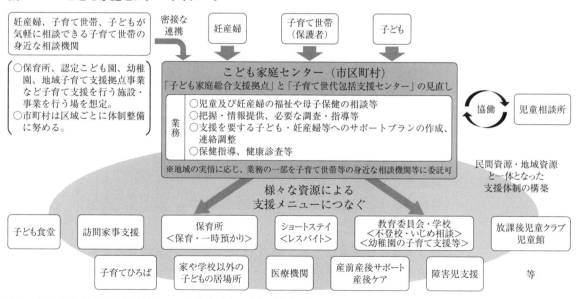

出典　厚生労働省「児童福祉法等の一部を改正する法律（令和4年法律第66）の概要」2022年　p.2を一部改変
　　　https://www.mhlw.go.jp/content/11920000/000957236.pdf

妊娠届から妊産婦支援、子育てや子どもに関する相談を受けて支援をつなぐためのマネジメント（サポートプランの作成）等を担う。

2 社会福祉の民間団体

　戦後のわが国の社会福祉は、公的責任に基づいて国や地方公共団体を中心に運営されてきた。しかし、社会福祉サービスを提供する段階では、社会福祉法人やその他の民間の団体が大きな役割を果たしてきた。

　社会福祉の民間団体には、社会福祉の法律や公的な助成、規制の度合いによって行政の関与が強い民間団体、会員同士で助け合う民間団体、地域住民の参加による民間団体などに分類することができる。ここでは、それぞれの主な民間団体として、社会福祉法人や福祉公社、住民互助組織や協同組合、特定非営利活動法人について取り上げる。

1. 公益性の高い民間団体

(1) 社会福祉法人

　行政の関与が強い民間団体として社会福祉法人が挙げられる。社会福祉法人は、戦後、憲法第89条の公の支配に属さない慈善、博愛事業への公金の支出を禁止するという規定をクリアし、社会福祉施設に措置委託費などの支出を適法とするために制度化された。

　社会福祉法人は、社会福祉法に基づいて社会福祉事業を行うことを目的に設立され、その主な担い手として、提供する福祉サービスの質の向上と、事業運営の透明性を確保することが求められている。社会福祉法人は公益事業と収益事業を行うことができる。代表的な社会福祉法人に社会福祉協議会がある。地域住民が主体となって地域福祉の推進を図り、地域の特性に応じた組織的活動を展開している*3。

＊3　第9章p.143を参照。

＊4　第3章p.48の＊6を参照。

　社会福祉法の規定では、第一種社会福祉事業*4は、国、地方公共団体、社会福祉法人が経営することを原則としており、社会福祉事業を経営する者は、その自主性が尊重され、国や地方公共団体の不当な財政的、管理的援助を受けないことを明記している。

　また、2016（平成28）年の社会福祉法の改正で、社会福祉法人の制度改革が行われた。従来の理事会を社会福祉事業の執行機関とし、議決機関として

評議員会を設置して経営組織のガバナンスを強化したほか、財務諸表・現況報告書・役員報酬基準の公表などを法令上に明記して事業運営の透明性向上を図った。さらに2020（令和2）年の改正では、社会福祉事業に取り組む社会福祉法人やNPO法人等を社員として、相互の業務連携を推進する社会福祉連携推進法人制度を創設することが示された。

⑵　福祉公社

　福祉公社は一般に会員制という形態をとり、登録会員はサービスを利用する利用会員とサービスの担い手である協力会員で会費を納入する。利用会員がサービスを利用する場合はその利用する内容や時間によって決められた料金を負担し、サービスを提供した協力会員には決められた基準によってその報酬が支払われる。主として在宅福祉サービスを提供する団体が多く、サービスには家事援助サービスや介護サービス、各種相談サービスなどがある。

2．自主性の高い民間団体

⑴　協同組合

　協同組合には、消費生活協同組合や農業協同組合などがあり、会員制で本来は会員の出資をもとにして、生活に必要な商品の共同購入や農業機器の共同購入・共同利用、農産物の共同出荷、共済などを目的にしている。
　協同組合の福祉活動については、会員に対する生活の助け合い活動にはじまり、高齢者の在宅サービスを中心に住民互助組織と同じような内容のサービス提供を行っている。協同組合は会員制だが、現在は会員以外の市民もサービスを利用することが可能になっている。

⑵　特定非営利活動法人（NPO法人）

　特定非営利活動法人とは、1998(平成10)年に制定された特定非営利活動促進法に基づいて、保健、医療または福祉の増進を図る活動やまちづくりの推進を図る活動など、法に規定される20の活動分野のいずれかに該当する非営利の団体が、都道府県などへの申請・認証を経て法人格を得た団体である[5]。
　福祉分野の活動では、主としてNPOの法人格を取得して介護保険の指定事業者として在宅福祉サービスを提供している。

⑶　営利的な民間団体

　1980年代から社会福祉事業の周辺で、福祉産業が有料老人ホームやベビー

*5　活動分野に関しては第9章p.149の表9-4を参照。

ホテルなどを経営していた。居宅福祉サービスの分野でも、企業など営利的な民間団体に福祉サービス提供者として事業委託が行われていた。こうしたなか、規制緩和のもと、2000（平成12）年度から保育所の経営や介護サービスへの株式会社などの営利的な民間団体の参入が認められた。しかし、認可保育所については、自治体の裁量で株式会社参入を制限するケースがあったが、子ども・子育て関連3法では、営利的な民間団体についても自治体は供給過剰による需給調整が必要な場合を除き、原則として認可された。

3 社会福祉サービスの種類と実施方法

1．福祉サービスの種類

社会福祉サービスは、生活者が抱える生活上の問題を解決するために活用されるが、そのサービス提供の手段の違いによって、大きく「現物給付」と「現金給付」に分類できる。現物給付とは在宅や施設で必要なサービスや物品を現物の形で直接給付することによって生活問題の解決を図るものであり、現金給付は金銭などの給付によって生活問題の解決を図るものである。

(1) 現物給付

現物給付は、①人的サービス給付、②物的サービス給付、③施設サービス給付に分類される。

① 人的サービス給付

相談、保育、養護、生活指導、自立支援、介護、家事援助など人の働きによって提供されるサービスである。

② 物的サービス給付

補装具、日常生活用具の提供、給食サービスなど物品を障害者や高齢者に提供することで、生活の便益を図ろうとするものである。

③ 施設サービス給付

入所型施設、通所型施設、利用型施設において①と②を使って提供されるサービスである。

(2) 現金給付

現金給付には、①現金の提供、②控除・免除・減免、③資金の融資などの

形態がある。

① 現金の提供

生活保護（医療扶助を除く）、児童手当、児童扶養手当、特別児童扶養手当など、金銭が提供されるサービスである。

② 控除・免除・減免

高齢者、障害者、母子、父子、寡婦などに対する税金、公共施設利用料、公共料金の控除・免除・減免の措置である。

③ 資金の融資

生活福祉資金、母子父子寡婦福祉資金など低利無担保で資金の融資を行い、生活の維持・向上を図るものである。

2．福祉サービスの利用方式

福祉サービス利用方式は、戦後以来、措置方式を中心としたものであったが、社会福祉基礎構造改革のもと児童福祉法の改正、介護保険法の制定、社会福祉事業法（現：社会福祉法）の改正が行われ、契約的な要素をもつ利用方式が取り入れられた。以下、措置方式、行政との契約方式、介護保険方式、総合支援方式、子ども・子育て支援方式について説明する。

⑴ 措置方式

措置方式では、図4−3のように、利用者に相談（①）を受けた措置権者である地方公共団体の実施機関は、利用者が利用の資格要件を満たしていれば、提供するサービスの種類を選定して措置を実施する（②）。措置権者は福祉サービスを提供する事業者に措置委託を行う（③）。委託を受けた福祉サービス提供者は受託（④）し、受託事業者として措置権者から措置委託費の支給（⑤）を受けて、利用者に対して福祉サービスの提供を行う（⑥）。

図4−3　措置方式

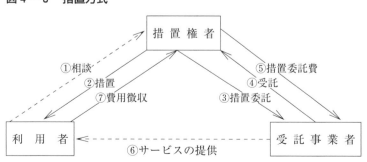

この際の利用者と受託事業者とは、福祉サービス提供を事業者に委託した措置権者を通しての関係で、両者に明確な権利・義務関係はない。措置権者は利用者から費用を徴収する（⑦）。

　この方式をとるのは、乳児院、児童養護施設、児童心理治療施設、児童自立支援施設、養護老人ホームなどである。

(2) 子ども・子育て支援方式

　2012（平成24）年の子ども・子育て関連3法の成立によって、就学前の教育・保育施設に導入された利用手続きである（図4-4）。

　子ども・子育て支援サービスを利用する場合、利用者（この場合、保護者）は市町村に保育の必要性の認定の申請（①）を行う。申請を受けた市町村は、保育の必要性の認定を行い、認定証を交付（②）する。利用者は、教育・保育施設を選択して保育利用希望の申込み（③）を市町村に行う。利用者から申込みを受けた市町村は、教育・保育施設の利用状況等に基づき調整をして、利用可能な施設のあっせんや要請（④）を行う。

　利用者は選択した教育・保育施設の事業者と公的契約を結ぶ（⑤）。保育料は市町村から事業者に施設型給付または地域型保育給付として支払（法定代理受領）われる（⑥）。教育・保育事業者には、正当な理由がある場合を除き、応諾義務が課される。利用者は、応能負担を基本とした保育料を事業者に支払う（⑦）。これらの手続きを経て、保育の利用が開始（⑧）される。なお子ども・子育て支援法の改正により、3歳から5歳児クラスの子どもと、0歳から2歳児クラスのうち住民税非課税世帯の子どもの利用料の無償化が実施された。

　教育・保育施設には、施設型給付の対象である認定こども園・認可保育所・幼稚園と、地域型保育給付の対象である小規模保育・家庭的保育・居宅訪問

図4-4　子ども・子育て支援方式

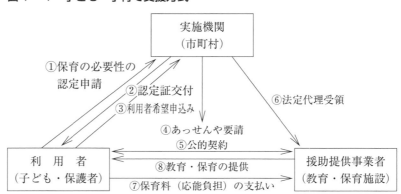

型保育・事業所内保育がある。

　また私立保育所を利用する場合の保育の費用については保護者と市町村との契約となり、利用児童の選考や保育料の徴収は市町村が行う。

⑶　行政との契約方式

　行政との契約方式（図4−5）では、福祉サービス利用者は都道府県・市町村が提供する児童福祉施設の情報をもとに、希望する施設への入所の申し込みを都道府県・市町村に行う。都道府県・市町村は、利用要件を満たしているか確認をして入所を応諾し、事業者に施設サービスの提供を委託する。事業者は施設サービスを提供し、都道府県・市町村から実施委託費を受け取る。都道府県・市町村は利用者から負担能力に応じて費用を徴収する。このため、利用者と受託事業者との間には明確な権利・義務関係はない。

　この方式をとるのは、母子生活支援施設と助産施設である。

⑷　介護保険方式

　介護保険方式（図4−6）は、介護保険法に基づいて、高齢者福祉施設サービスや在宅福祉サービスを利用する。

図4−5　行政との契約方式

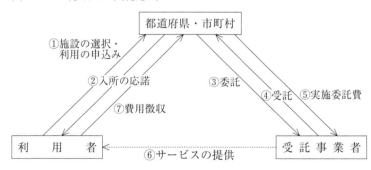

図4−6　介護保険方式

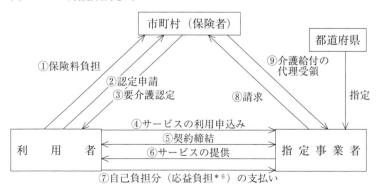

＊6　応益負担については、p.74を参照。

71

一定の年齢に達した利用者は介護保険に加入して保険料を負担し、介護サービスの利用を希望する利用者は市町村に要支援・要介護認定の申請を行う。市町村に要支援・要介護と認定されると、利用者はケアプランに基づいて希望する指定事業者と契約を結び、介護サービスの提供を受ける。利用者は事業者に介護サービスの提供にかかった費用の自己負担分を支払う。事業者は、市町村に利用者の自己負担分を除いた費用を請求する。

　この方式は介護老人福祉施設、介護老人保健施設、介護医療院、居宅介護サービス、介護予防サービス、地域密着型介護サービスなどである。

⑸　総合支援方式

　総合支援方式（図4－7）では、利用者は障害者総合支援法に基づいて障害福祉サービスを利用する。

　利用者は、市町村に障害福祉サービスの利用を申請し、市町村は利用者の障害支援区分の認定と支給を決定する。利用者はサービス利用計画に基づいて、指定事業者に利用申込みをおこない契約を結んでサービスを利用する。利用者は指定事業者に障害福祉サービス提供にかかった費用の自己負担分を支払う。指定事業者は、市町村に対して利用者の自己負担分を除いた費用を請求する。

　この利用方式によるサービスには、居宅介護（ホームヘルプ）、短期入所（ショートステイ）、施設入所支援などの介護給付と、自立訓練、就労移行支援、就労継続支援、共同生活援助（グループホーム）などの訓練給付、地域生活支援事業がある。

図4－7　総合支援方式

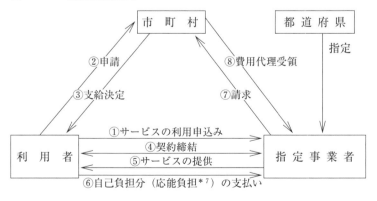

＊7　応能負担についてはp.74を参照。

4　社会福祉の財源

　わが国の社会福祉は、戦後以来、国や地方公共団体が徴収する租税を主な財源とする公費負担方式（租税方式）によって維持されてきた。しかし先にみた介護保険制度のように、保険方式による介護サービスの導入を契機に、社会福祉の財源調達の仕方は多様化してきている。ここでは、公費負担方式と保険方式、利用者負担、民間財源など社会福祉を支える財源について理解を深める。

1．公費負担方式（租税方式）

　租税を財源として費用をまかなうことを公費負担とよんでいる。租税とは、国や地方公共団体が国民から徴収する法人税、所得税、住民税、消費税など普通税とよばれるものである。公費負担には普通税によるもののほか、目的税によるものがあり、目的税は特定の経費をまかなうために徴収される租税である。現在わが国で社会保障関係の財源として目的税を用いている事例はないが、これまで消費税を年金や福祉の目的税として活用しようとする案がたびたび提示されている。

　公費負担方式（租税方式）は、生活に困窮する人や生活問題を抱えている人が生活を維持していくことができるよう、生活保護のような現金給付や何らかの福祉サービスを提供する現物給付を行うときに、必要な費用の全額または一部を納入された租税を財源としてまかなうものである。

2．社会保険方式

　社会保険方式は、年金保険や医療保険、雇用保険などのように、加入者が拠出する保険料によって財源調達をする方式である。加入者である被保険者が拠出する保険料のほかに、事業主（雇用者）負担や国庫負担などの公費負担を導入しているものもある。公費負担の割合は個々の社会保険によって異なっている。

　介護保険制度は、それまで公費負担方式（租税方式）で提供されてきた特別養護老人ホームなどの施設サービスやデイサービスなどの居宅介護サービスを保険による方式に転換したといえる。介護保険の財源は、公費負担と被

保険者が拠出する保険料によって財源が調達される。

3．利用者負担

　福祉サービスの料金は無料ではなく、負担額は少額でも利用者負担がある。利用者負担には「応能負担主義」と「応益負担主義」という2つの考え方がある。

　応能負担主義とは、費用の負担は利用者が負担できる能力に応じて負担すべきであるという考え方である。利用者の負担能力を認定するには、税制転用方式が用いられる。これは、利用者の前年度の納税額によって負担能力を算出する方式である。

　これに対して応益負担主義は、利用者が福祉サービスを利用したことによって受けた利益の程度に応じて費用を負担すべきであるという考え方である。これまで、わが国の福祉サービスを利用した際の利用者負担は、利用者の負担能力に配慮した段階的な徴収基準を用いた応能負担主義がとられてきた。しかし近年の社会福祉改革のもと、介護保険の自己負担分に応益負担主義が適用されている。

4．民間財源

　民間の財源としては、寄付者の自発的な協力に基づいて行われる共同募金が挙げられる。共同募金は都道府県の区域を単位として、毎年1回、厚生労働大臣の定める期間内に限って実施される寄付金の募集事業である。集められた寄付金は、社会福祉事業、更生保護事業など社会福祉を目的とする事業を経営している者に配分することを原則としている。

　このほか、競馬・競輪・オートレース・モーターボートなどの公営競技の収益金から、施設設備、車両などの整備に補助が行われている。

〈参考文献〉
　『社会福祉学習双書』編集委員会編『地域福祉と包括的支援体制』全国社会福祉協議会　2023年
　『最新　保育士養成講座』総括編纂委員会編『社会福祉』全国社会福祉協議会　2022年
　厚生労働省編『令和5年版 厚生労働白書』日経印刷　2023年
　厚生労働統計協会編『国民の福祉と介護の動向2023/2024』2023年
　石田慎二・山縣文治編著『社会福祉［第5版］』ミネルヴァ書房　2017年

第**5**章

● ● ● 暮らしを支える社会保障制度 ● ● ●

キーポイント

国民の暮らしを支える制度には、社会保険や公的扶助、そして社会福祉サービスといった社会保障制度があり、子ども家庭福祉や障害児福祉といった社会福祉サービスは、そのひとつとして位置づけられている。

たとえば、ひとり親世帯には遺族年金や児童扶養手当の給付、生活に困っていれば生活保護の受給、親が働きに出れば保育所の利用などが考えられる。

このように、国民の生活は社会保険や公的扶助、社会福祉サービスといった社会保障制度で包括して支えているといってよい。

本章では、これら社会保障制度の体系と、年金保険・医療保険といった社会保険、生活保護制度・社会手当といった公的扶助の仕組みについて学んでいく。

1　生存権と社会保障制度

憲法第25条は、「すべて国民は、健康で文化的な最低限度の生活を営む権利を有する」と生存権を規定している。しかし私たちは、病気や障害、失業といったリスクと向き合って暮らしており、病気や事故での医療保障、失業や退職での所得保障がなければ「最低限度の生活」が困難になってしまう。

そのために第2項では、「国は、社会福祉、社会保障及び公衆衛生の向上及び増進に努めなければならない」と国の責務を規定しており、国民が安心して生活ができるように制度化されたものが社会保障制度である。

わが国の社会保障制度の範囲については、1950（昭和25）年の社会保障制度審議会による「社会保障制度に関する勧告」での定義が一般的である。

「社会保障制度とは、疾病、負傷、分娩、廃疾、死亡、老齢、失業、多子その他困窮の原因に対し、保険的方法又は直接公の負担において経済保障の途を講じ、生活困窮に陥った者に対しては、国家扶助によって最低限度の生活を保障するとともに、公衆衛生及び社会福祉の向上を図り、もってすべての国民が文化的社会の成員たるに値する生活を営むことができるようにする

こと」と示されている。

　戦後しばらくは「貧困」が国民生活の課題であったが、福祉六法の制定、国民皆保険・皆年金の成立、医療や社会福祉サービスに対する需要の増大と利用から、低所得者層に限らない対象者の普遍化が進んだことにより、社会保障制度の定義も変化を見せてきた。

　1993（平成5）年の社会保障制度審議会・社会保障将来像委員会による第一次報告のなかでは、「社会保障制度とは国民の生活の安定が損なわれた場合に、国民にすこやかで安心できる生活を保障することを目的として、公的責任で生活を支える給付を行うもの」と定義している。

　また、同審議会が1995（平成7）年7月に取りまとめた「社会保障体制の再構築（勧告）〜安心して暮らせる21世紀の社会をめざして〜」のなかでは、「1950年の勧告当時は社会保障の理念は最低限度の生活保障であったが、現在では広く国民に健やかで安心できる生活を保障することが基本理念である」とし、国民の自立と社会連帯の考えが社会保障制度を支える基盤であることを強調した。

　この社会保障制度審議会による定義、戦後の社会保障制度の展開を考えると、社会保障制度は図5-1のように整理できる。

　本章ではそのなかでも、社会保険と公的扶助の内容についてみていく。

図5-1　社会保障制度の体系

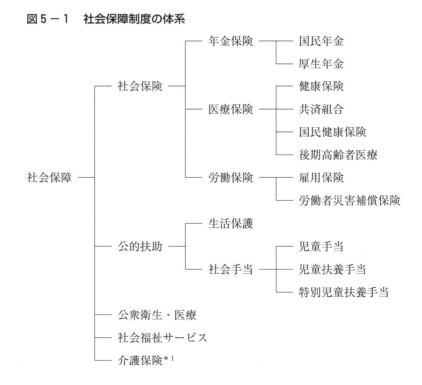

*1　介護保険制度は、保険料を徴収する（拠出制）という「社会保険」の方法で財源を調達し、サービス提供の際は介護支援専門員が担当となり支援する「社会福祉サービス」の方法をとっている。つまり「社会保険」と「社会福祉サービス」の両者のシステムをミックスしているため図5-1では両者と別に位置づけている。

2　社会保険の種類と内容

1．社会保険

　生活していく際に起きる疾病、事故、障害、死亡、失業等の社会的リスクに対して、国民が保険料を負担して相互に助け合う制度を社会保険という。

　具体的には、老齢や障害等により金銭給付される年金保険、医療サービスを受けられる医療保険、失業により金銭給付される雇用保険、労働災害により金銭給付や医療サービスが受けられる労働者災害補償保険がある。

　しかし、社会保険だけですべてのリスクをカバーできるわけではない。たとえば、離婚による経済基盤の喪失や倒産による負債といったリスクは保障されないし、保険料の滞納によりサービスが受けられないといった限界もある。

2．年金保険

　年金保険は、老齢、障害、死亡といった社会的リスクに対して、本人や家族の生活を経済的に保障するもので、国民年金や厚生年金などの加入している年金制度から老齢年金、障害年金、遺族年金が支給される。その受給要件や年金額は、以下のような加入する制度ごとに差がある。

⑴　国民年金（基礎年金）

　国民年金は全国民を対象とするもので、国民共通の年金であるため基礎年金と位置づけられており、20歳以上60歳未満の人が加入する年金である。

⑵　厚生年金

　厚生年金は民間の会社で働く者、公務員や私立学校の教職員等（旧・共済組合）*2を対象としている。国民年金の保険料は全額加入者の負担だが、厚生年金は加入者と事業主が折半しているのが特徴である。

　図5−2が年金保険の体系である。自営業や農林漁業に従事している人は国民年金だけの加入となるが、会社員や公務員など厚生年金に加入している人は、国民年金（1階部分）と厚生年金（2階部分）の2つの年金制度に加入していると理解すればよい。なお、厚生年金加入者の中には、企業年金や

*2　厚生年金とは別に共済組合があったが、2015（平成27）年10月に共済組合は厚生年金に統一されて一元化された。

図5－2　年金保険制度の体系

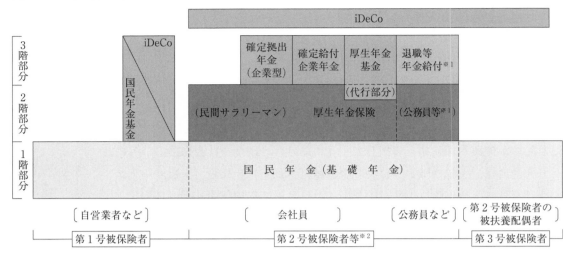

※1　被用者年金制度の一元化に伴い、平成27年10月１日から公務員および私学教職員も厚生年金に加入。また、共済年金の職域加算部分は廃止され、新たに退職等年金給付が創設。ただし、平成27年９月30日までの共済年金に加入していた期間分については、平成27年10月以後においても、加入期間に応じた職域加算部分を支給。
※2　第２号被保険者等とは、厚生年金被保険者のことをいう（第２号被保険者のほか、65歳以上で老齢、または、退職を支給事由とする年金給付の受給権を有する者を含む）。
出典　厚生労働省『令和５年版 厚生労働白書［資料編］』日経印刷　2023年　p.240一部改変

基金等の上乗せ給付分に加入している者もいる（３階部分）。

(3)　老齢年金

*3　2017（平成29）年８月に「25年以上」から改正された。

　老齢基礎年金は、保険料の納付期間が10年以上[*3]ある者が65歳になったときに受給できるもので、加入可能年数（40年）保険料を納付すると、月額約６万6,000円が支給される。2021（令和３）年度末現在、全受給者の平均年金月額は約５万6,479円[*4]である。

*4　老齢基礎年金平均年金月額は、繰上げ・繰下げ支給分を除いた老齢基礎年金受給権者に係る平均年金月額である。

　老齢厚生年金は、老齢基礎年金を受ける資格期間を満たしている者が65歳になったときに受給できるもので、加入期間中の賃金（標準報酬月額）の平均と加入期間により支給額が計算される。

　2021（令和３）年度末現在、全受給者の平均年金月額は約15万0,548円[*5]である。

*5　老齢（退職）年金平均年金月額は、老齢基礎年金を含んだものである。ただし、繰上げ・繰下げ支給（減額退職年金を含む）を選択した者と、報酬比例部分の支給開始年齢に到達しているが、定額部分の支給開始年齢に到達していない者は除外している。

(4)　障害年金

　障害基礎年金は、国民年金の加入中に病気や事故等によって障害が残った場合（障害基礎年金の障害等級表による１級か２級）に、１級で月額約８万2,500円、２級で月額約６万6,000円が支給される（2023（令和５）年度現在）。なお、国民年金に加入できない20歳未満時に障害をもった者は、20

歳から障害基礎年金が支給される。

　障害厚生年金は、障害基礎年金の受給者と、障害厚生年金の障害等級表の
3級以上に認定された者に、老齢厚生年金と同様に計算されて支給される。
また3級より軽度な障害についても、障害手当金として一時金が支給される。

(5)　遺族年金

　遺族基礎年金は、国民年金の加入者や年金受給者が死亡したときに、その
者によって生計が維持されていた子のいる配偶者[6]、または子に対して、子
が18歳になる年度末まで月額約6万6,000円が支給される。

　遺族厚生年金は、死亡者により生計が維持されていた配偶者や子に対して、
死亡者が受けるはずであった老齢厚生年金の金額の4分の3が支給される。

3．医療保険

　医療保険は、疾病や負傷といった社会的リスクに対して医療サービスを保
障するもので、加入している医療保険から医療サービスを現物給付で受ける
ものである。

　わが国の医療保険制度は10に分類できるが、加入者数の多い5つの保険制
度の対象者は次の通りである。

(1)　組合管掌健康保険

　健康保険は民間企業の従業員を対象とするもので、企業の事業主が健康保
険組合を設立している場合の保険を組合管掌健康保険という。大企業の従業
員に適用されていることが多い。

(2)　全国健康保険協会（協会けんぽ）の保険

　健康保険組合を設立していない民間企業の従業員を対象としている保険が
協会けんぽの保険であり、中小企業の従業員に適用されていることが多い。

(3)　共済組合

　国家公務員や地方公務員、私立学校の教職員等を対象として、それぞれ共
済組合が設立されている。

(4)　国民健康保険

　農林漁業、商工業などの自営業者、高齢退職者等を対象としている。都道

府県・市町村自治体が保険者であるものと、国民健康保険組合（医師、歯科医師、土木建築業、浴場業、理美容業等）が保険者のものがある。

(5) 後期高齢者医療

75歳以上の高齢者および65歳から74歳以下の寝たきり高齢者等を対象としており、都道府県ごとにすべての市町村が加入する広域連合が保険者となっている。

(6) 医療保険での負担割合

医療保険制度については毎年のように改正されており、ここでは2023（令和5）年9月現在の負担割合について示すことにする。

医療保険の加入者本人や家族が業務外の理由により疾病や負傷した場合に、医療機関や薬局での自己負担割合は次のようになっている（表5－1）。

表5－1　医療保険の自己負担割合

年　　齢	所得層	自己負担割合
義務教育就学前	－	2割
義務教育就学〜69歳	－	3割
70歳〜74歳	現役並み所得者[*1]	3割
	上記以外の者	2割
75歳以上	現役並み所得者[*1]	3割
	一定以上の所得者[*2]	2割
	上記以外の者	1割

＊1　課税所得145万円以上。
＊2　課税所得が28万円以上。

4．労働保険

(1) 雇用保険

雇用保険とは、いわゆる失業保険制度のことであり、労働者が会社の都合や自己退職によって失業した場合に、失業中の生活を経済的に保障する制度である。なお、雇用保険に加入できるのは、被雇用者、すなわち会社員などであって、会社役員や自営業者は対象外となる。

保険料は事業主と被雇用者が負担するが、事業主の負担割合が高い。

(2)　労働者災害補償保険

　労働基準法に基づくもので、労働者が就業中や通勤中に負傷や死亡した場合に、事業主が療養の給付、休業補償、障害補償、遺族補償をする制度である。これも雇用保険同様に対象者は被雇用者に限られる。

3　公的扶助制度の意味と内容

1. 公的扶助と生活保護制度

　公的扶助とは、国が公的責任に基づき「国民的最低限」（国民の最低限度の生活水準：ナショナルミニマム）の生活を保障するための制度であり、世界各国に公的扶助の制度がある。国により社会保障制度の歴史に相違があるため普遍的な概念を示すことは難しいが、その共通点は次の通りである。
　①　対象は低所得者や貧困な生活状態にある者（生活困難者）
　②　生活状態を確認するために資力調査（ミーンズテスト）を実施
　③　給付は個別的ニーズに対して行う
　④　財源は一般財源（税金等）とし、当事者の拠出はない
　⑤　社会保険等のほかの社会保障制度の給付を優先する
　わが国をみると、このような共通点に該当する制度は「生活保護」といえるが、図5−1の通り、「社会手当」も公的扶助のひとつに分類している。
　よって、国が一定の所得調査（インカムテスト）や資力調査（ミーンズテスト）を要件として、公費（税金等の一般財源）から経済的な給付をする制度を、わが国では公的扶助と位置づけている。
　わが国の公的扶助の主要な制度は生活保護であり、資産と需要についての資力調査をしたうえで、必要に応じて経済的な給付を行うものである。社会保障制度のなかでも最終的かつ包括的な性格をもち、社会保険やほかの社会福祉サービスを用いても、なおかつ網の目から落ちる人への安全網（セーフティネット）が生活保護といえる。
　生活保護法の第1条には「この法律は、日本国憲法第25条に規定する理念に基き、国が生活に困窮するすべての国民に対し、その困窮の程度に応じ、必要な保護を行い、その最低限度の生活を保障するとともに、その自立を助長することを目的とする」と規定されている。
　つまり、生活保護制度は、生存権に基づいて国が生活困窮者に対しての最

低生活を保障する制度であるが、併せて福祉事務所のソーシャルワーカーによる支援によって自立の助長が効果的に達成できるようにしている。

　ここからは、ひとり親世帯の事例における支援過程から生活保護制度の概要をみていく。

2. 実施機関と生活保護の申請

　　鈴木花子さん（35歳）は3年前に離婚し、長男・鈴木太郎君（7歳）と市営住宅で暮らすひとり親世帯である。離婚した前夫からの養育費の仕送りはなく、パートの収入と預貯金、児童扶養手当等により生活している。

　　不景気によりパート収入が減り、4か月前からは体調も崩してパートも解雇されてしまった。求職活動をしているが採用に至らず、現在は預貯金も消費してしまい生活に困っている。両親や兄弟姉妹からの援助もなく途方にくれてしまい、**福祉事務所**へ相談に行った。

　　窓口の面接相談員にこれまでの事情を話したところ、**生活保護の申請**をすすめられ、生活保護制度の説明を受けたのち申請書に署名し提出した。

(1) 生活保護の実施機関

　住んでいる自治体が市（特別区も含む）の場合は市や区の福祉事務所、町や村の場合は町村を管轄する県の福祉事務所が実施機関である。

　市の福祉事務所の多くは、市役所や保健福祉センター内に設置されており、県の福祉事務所は合同庁舎等に設置されていることが多い。町村の場合は、町・村役場にも相談窓口があるので、まずは役場に相談してもよい。

(2) 申請保護の原則

　生活保護法第7条に「保護は、要保護者、その扶養義務者又はその他の同

居の親族の申請に基いて開始するものとする」と規定している。これは役所
といったお上からの救済ではなく、国民の権利として保護の請求権があるこ
とを意味している。しかし、わが国では生活保護に対する偏見もあるため、
生活保護の申請をためらう人が多いのも現実である。

３．補足性の原理　－生活保護を受ける側の要件－

> 　鈴木さんが福祉事務所に相談に行ってから３日後、自宅に福祉事務所の
> ソーシャルワーカーが訪問に来た。**前夫との離婚時の話し合い、両親や兄弟
> のこと**、パート就労の内容、子どものこと、資産や預貯金の状況、市営住宅
> 費の支払い状況、病気や通院状況等について聞かれ、生活保護制度の仕組み
> について詳しい説明があった。**資力調査**の結果、申請日より14日以内に生活
> 保護が受けられるかどうかの決定がされるといわれた。

(1)　資産の活用
　生活保護を受ける前提としては、資産や能力、扶養義務者の援助、ほかの
制度による援助等を活用することがあり、それでも最低生活の維持が困難な
場合に生活保護が受給できるということである。これは財源が公費であるた
め正義・公平にする必要があり、資力調査の理由もここにある。
　資産としては、土地や家屋、自動車がある。生活保護では原則、土地や家
屋、自動車の保有は認められず、処分して生活費にあてることとしている。

(2)　親族（扶養義務者）の扶養の優先
　民法上の扶養義務者としては、直系血族（親と子、祖父母と孫など）、兄
弟姉妹（民法第877条第１項）、および配偶者（民法第752条）が挙げられる。
鈴木さんの場合は前夫（子どもに対しての扶養義務）、両親、兄弟姉妹には
扶養義務があり、福祉事務所ではこれら扶養義務者に扶養の依頼を行ってい
る。
　なお、扶養義務者による扶養は、生活保護法による保護より「優先」され
るものの、保護の「要件」ではない（たとえば、扶養義務者がいながら扶養
をしない場合でも、生活保護を受けることに支障はない）。

(3)　他法による援助の優先
　生活保護は社会保障制度の最終的な安全網であるため、社会保険や社会手

当といったほかの制度を優先して活用することになっている。

4．保護の基準と種類

福祉事務所から鈴木さんへ保護決定通知書が届き「生活保護の受給を決定します」とあり、その決定内容が書かれていた。

[最低生活費認定額]（生活扶助 160,440円＋教育扶助 2,600円
　　　　　　　　　　　＋住宅扶助 18,000円）＝ 181,040円
[収入認定額]　　　（児童扶養手当 43,070円＋児童手当 10,000円）
　　　　　　　　　　＝ 53,070円
最低生活費認定額＞収入認定額　により生活保護を決定します。
[保護費]　　　181,040円 － 53,070円 ＝ 127,970円（金銭給付）
なお、医療扶助は現物給付とします。

(1)　保護の基準

生活保護法第1条の「最低限度の生活」とは、具体的には「世帯が1ヶ月に生活するのに最低限必要な金額（最低生活費）」としており、これを保護の基準としている。つまり、保護基準である最低生活費の額より収入が低い場合は生活保護の受給ができ、高い場合は受給ができないことになる。

この最低生活費の基準額は、保護の種類ごとに、年齢、世帯構成と人員、所在地*7によって定められている。つまり、最低生活費は世帯によって個別的に計算され、世帯の収入認定額との対比によって保護の決定が決まる。

*7　基準額は全国を6区分に分けて定められている。

(2)　保護の要否判定

生活保護が受けられるかどうかの要否判定は、世帯の生活扶助、教育扶助、住宅扶助の最低生活費認定額を計算し、収入認定額と対比させて決定する（保護の概要については次のページを参照）。

鈴木さんの場合、生活扶助としては1類費（本人4万6,930円＋長男4万6,460円）と2類費（2人世帯3万8,060円）、母子加算（1万8,800円）と児童扶養加算（1万0,190円）の計16万0,440円、これに教育扶助（小学校2,600円）と住宅扶助（家賃実額1万8,000円）の合計18万1,040円が最低生活費認定額となる*8。収入認定額としては、ここ3か月間はパート就労の収入はなく、前夫や両親といった親族からの仕送りもないので、児童扶養手当（月額4万3,070円）と児童手当（月額1万円）の合計5万3,070円である。

*8　この事例では、鈴木さんの居住地を1級地の1として最低生活費を算出している。

　よって収入認定額より最低生活費認定額が上回っているので生活保護を受けられ、保護費として月額12万7,970円が金銭給付されるとともに、医療費は医療扶助として現物給付される。

（3）　保護の種類
　生活保護には8種類あり、世帯状況に応じて給付の決定がされる。

① **生活扶助**—飲食物費、被服費、光熱水費等の一般生活費であり、個人単位（1類費）と世帯単位（2類費）に分かれている。またひとり親世帯や障害世帯等は特別経費としての加算もある。

② **教育扶助**—義務教育に必要な費用（教科書・学用品等）である。

③ **住宅扶助**—アパートや借家の家賃についての費用である。

④ **医療扶助**—入院・通院の費用であるが、生活保護では原則として医療保険制度は適用せずに、現物給付の方法で10割給付している。

⑤ **介護扶助**—介護保険制度での自己負担分への費用である。

⑥ **出産扶助**—分娩にかかる費用であるが、他法施策として助産制度があるので、出産扶助の決定は少ない。

⑦ **生業扶助**—小規模な事業を営む費用や技能習得のための費用、高等学校等の就学にかかる費用（教材代や通学交通費）である。

⑧ **葬祭扶助**—葬儀に要する費用であるが、保護受給者の死亡時や埋葬費などを負担できないときに、葬儀を実施する者に給付される。

5．保護の受給とソーシャルワーカーによる支援活動

> 　生活保護が決定され、鈴木さんの生活も落ち着きを取り戻した。**ソーシャルワーカーの定期的な訪問もあり**、当面は病気を治すことを優先するようにアドバイスを受けた。一緒に今後の生活設計を考えてくれるので安心である。
> 　保護を受けてから6か月、体調も回復し求職活動を再開し、パート就労により1か月7万5,000円ほどの収入になった。**翌月から保護費が7万5,000円減る**と思ったが、保護変更通知書には、「就労の開始により保護費が7万4,170円に変更になります」と書かれていた。計算すると保護費は5万3,800円減っただけで、**働けば手元に残る保護費が多くなる**ことがわかった。

（1）　ソーシャルワーカーの支援活動
　生活保護受給者が自立するために、福祉事務所のソーシャルワーカーが担

当となり、世帯の自立に向けて相談や支援を行っている。定期的に訪問し抱えている生活課題をアセスメントし、受給者とともに解決を図っていく役割を担っていることが生活保護制度の特徴といえる。

　しかし、一人のソーシャルワーカーがすべての支援を担えるものではなく、世帯員それぞれの生活課題に対して適切な支援が可能となるよう、関係機関との連携が必要となっている。

(2)　就労収入と勤労控除

　保護受給者が就労によって収入を得た場合、収入認定額とされるが、就労による必要経費（被服や身の回り品の購入等）や就労意欲を助長するために一定額を控除する仕組みになっている。

　鈴木さんの場合、就労収入は月額7万5,000円だが、全額を収入として認定するのではなく、基準では7万5,000円の時は2万1,200円控除することになっているので、収入認定額は5万3,800円としている。よって控除した2万1,200円は保護費のほかに手元に残ることになり、就労意欲を高める効果がある。

> 　保護を受けてから3年が経過した。体調が悪くなったこともあり就労も波があったが、その度に保護費の変更があり生活は安定してきた。
> 　3か月前より正社員に変わり、収入も大幅に増えてきた。昨年度のパート収入により今年度の児童扶養手当の額は減ったが、それでも正社員の収入だけで生活できるめどがたってきた。担当のソーシャルワーカーに相談し保護費を試算してもらうと、収入認定額が最低生活費認定額を1万円上回った。鈴木さんは「もう大丈夫です。自分の給料だけでやっていけます」と話し、書類に署名した。
> 　ソーシャルワーカーは「何かあったらいつでも相談に来てください」と話し、鈴木さんが利用できるひとり親世帯への制度等をもう一度説明した。

6．保護施設

　生活保護法には保護施設が規定されており、居宅（在宅）での生活が困難な場合に入所できる。施設数が少ないので身近な施設とはいえないが、わが国の社会福祉の歴史を学ぶと保護施設の意義が理解できるだろう。なお、保護施設は福祉事務所による措置施設である。

　施設数が一番多いのが救護施設で、在宅での生活が困難な保護受給者への生活扶助（施設サービスでの現物給付）を目的としているが、障害者各法の施設に入所できない重複障害者や精神障害者の入所が多い。

　ほかに、アパート等での生活に向けての生活訓練を目的とした更生施設、保護受給者の技術修得や福祉的就労を目的とした授産施設、住居のない保護受給者への宿所提供施設、医療扶助を目的とした医療保護施設がある。

7．社会手当

　社会扶助ともよばれ、受給要件の確認と所得調査により給付するもので、公費による無拠出制（保険料の負担なし）の金銭給付といった制度である。

⑴　児童手当

　児童を養育している者に支給する制度で、1972（昭和47）年に「児童手当」としてスタートし、2010（平成22）年に「子ども手当」と改称されたが、2012（同24）年から再び児童手当として実施されている。このように、政治情勢との関係で頻繁に改正されている[*9]。

　支給要件は「中学校卒業までの児童を養育し、児童と一定の生計維持関係にある者」で、支給額は 3 歳未満と 3 歳から小学生以下の第 3 子以降は月額 1 万5,000円、3 歳から小学生の第 1 子・第 2 子と中学生は月額 1 万円である。また、2011（平成23）年10月からは施設入所児童にも支給されている。

⑵　児童扶養手当

　父と生計を別にしている児童を養育している者（母子世帯）に児童扶養手当を支給する制度として、1962（昭和37）年にスタートした。その後数回にわたり改正されており、2010（平成22）年 8 月からは父子世帯にも支給されている。

　支給要件は「父母の離婚、父や母の死亡や不明の児童を養育する父母や、父母に代わって養育する者」で、児童が18歳になった年度末まで支給される。ひとり親世帯への支給が一般的だが、父または母が重度の障害者の場合でも支給要件がある。

　養育者の所得額により支給の可否や支給額（児童 1 人につき月額 1 万0,160円から 4 万3,070円まで10円刻み）が細かく設定されている。なお児童が 2 人の場合は、5,090円から 1 万0,170円を加算した額が、3 人以上の場合も所得額に応じて加算した額が支給される（2023（令和 5 ）年度）。

*9　2024（令和 6 ）年12月支給（2024年10〜11月分）からは、①支給対象を高校生まで拡大、② 3 歳から小学生以下の第 3 子以降を 3 万円に増額、③所得制限の撤廃などが予定されている（2023（同 5 ）年12月現在）。

(3)　特別児童扶養手当

　身体障害や知的障害のある児童を養育している者に特別児童扶養手当を支給する制度で、1964（昭和39）年の実施から数回にわたり改正されている。

　支給要件は、身体障害や知的障害のある20歳未満の子（社会福祉施設に入所している場合は除く）を養育している者だが、前年の所得が一定額以上である者（3人世帯では所得年額が約535万円以上）には支給されない。

　支給額は、政令に定める障害等級表の1級（重度障害児）は月額5万3,700円、2級（中度障害児）は月額3万5,760円である（2023（令和5）年度）。

4　生活困窮者自立支援制度

　ここまで学んできた通り、国民が生活していく際に起きる社会的リスクに対して、まずは社会保険や社会手当という第1のセーフティネット（安全網）がカバーしており、第1のネットの網の目から落ちる人々へは、生活保護という第2のセーフティネットで最終的にカバーしているのが社会保障制度である。

　しかし、非正規雇用やワーキングプアにより保護受給者が増大しており、生活困窮者への新たな第3の支援制度・方法が求められてきた。たとえば、第1のネットではカバーできなかったが、当面の家賃だけ補助を受ければ生活の再構築ができ、生活保護の申請は必要ないといった場合もある。

　このように、生活保護に至る前段階の強化を図るため、第1のネットと第2のネットの間に、もうひとつネットを張ることを目的とした「生活困窮者自立支援法」が2015（平成27）年4月に施行された。

　この制度は「生活困窮者に対し自立相談支援事業の実施、住居確保給付金の支給、その他の支援を行なう」ことであり、次の7つの事業からなっている。

　① 　自立相談支援事業—相談支援、各事業を利用するためのプラン作成等
　② 　住居確保給付金の支給—離職により住宅を失った方への給付金支給
　③ 　就労準備支援事業—就労に必要な訓練
　④ 　就労訓練事業—柔軟な働き方による就労の場の提供
　⑤ 　一時生活支援事業—住居のない方に対して宿泊場所や衣食の提供等
　⑥ 　家計改善支援事業—家計管理の指導、生活福祉資金等の貸付の斡旋等
　⑦ 　生活困窮世帯の子どもの学習・生活支援事業—子どもの学習・進学等

支援、生活習慣・環境の改善に関する助言等

　これらの実施主体は「福祉事務所設置自治体」とされており、福祉事務所を設置している市町村はその自治体が、福祉事務所を設置していない多くの町村は県（郡部福祉事務所）であるが、社会福祉法人やNPO法人等への委託も可能としているので、地域包括支援センターと同様に「自治体直営型」と「委託型」が混在している。

　なお、①②は必須事業、③〜⑦は任意事業となっているため、「必須事業は自治体直営型、任意事業は委託型」であったり、地域のニーズが少ない場合は任意事業を実施しないといったように、自治体ごとに実施体制や事業内容に違いがある。

5　社会保障制度の動向

1．生活保護制度の動向

(1)　生活保護受給者のイメージ

　保護受給者への国民のイメージは「働かないで生活できるのはうらやましい」「パチンコやお酒に保護費を使っている」「多くの人が不正受給している」といった感じであるが、はたしてこれは正しい姿であろうか。

　2021（令和3）年7月現在の被保護世帯調査からわかるのは、「56％は老齢年金も低く貯金も少ない高齢者世帯であり、80％は一般就労が難しい世帯（高齢者世帯と障害・傷病世帯）である。20％は稼働能力がある世帯（母子世帯とその他世帯）で、そのうち40％は就労しているが収入が少ないため保護を受けている。高齢者世帯は経済的自立が難しいので受給期間も長く、そのため保護廃止は死亡が一番多い」といった実態である。「働かないで生活できるのはうらやましい」とのイメージは、実態とは違うといえる。

　また、厚生労働省の「生活保護法施行事務監査の実施結果報告」によると、2020（令和2）年現在の不正受給件数は3万2,090件、金額は126億4千万円と多いが、生活保護費総額に対して0.45％程度、また不正受給のうち「稼働収入の無申告」が15,878件（50％）と多いが、そのなかには「申告することを知らなかった」「申告が遅れた」「ソーシャルワーカーから説明がなかった」といった、「不正」という言葉を使うのに違和感がある理由のものがある。

(2)　保護率と捕捉率

　国民の生活を守る最後の砦が生活保護制度であるが、2022（令和4）年1月現在、全国の保護受給世帯は約164万世帯、保護受給者は約203万人であり、保護率（全国民で生活保護を受給している割合）は1.62%である。

　また、生活保護を受給する資格のある要保護世帯のなかで、現に保護を受給している世帯の割合を「捕捉率」というが、国が貧困や捕捉率に関するデータを長く公表してこなかったので、「漏給」の問題には大きな関心が寄せられてこなかったといえる。

　民主党政権時代の2010（平成22）年4月に厚生労働省から、2004（同16）年の「全国消費実態調査」の結果をもとに算定した捕捉率は87.4%、2007（同19）年の「国民生活基礎調査」では32.1%と公表された。あまりにも差が大きいが、このことから一般的な生活調査の調査項目で捕捉率を算定するのは困難であることが分かる。

(3)　コロナ禍での生活保護制度

　2020（令和2）年4月の新型コロナウィルスによる「緊急事態宣言」と、その後の「自粛生活」は雇用情勢を大きく悪化させ、非正規雇用者だけでなく正規雇用者の生活にも影響を及ぼした。同年同月の生活保護の開始世帯は1万9,362世帯と、前年同月に比べ14.8ポイント増え、2008（平成20）年9月のリーマンショック以来の保護受給世帯の増加であったため、このまま保護率が上昇すると思われた。

　しかし、保護受給世帯は2020（令和2）年7月：161万6千世帯、2021（同3）年7月：161万7千世帯、2022（同4）年4月：163万7千世帯と微増で済んだ。これは、特別定額給付金（給付額累計12兆6千億円）や持続化給付金（同5兆5千億円）、雇用調整助成金（同6兆円）や生活福祉資金貸付（貸付額累計1兆4千億円）等の、総額82兆円（2019～2022年度）に及んだ国による積極的なコロナ対策の成果といえるだろう。

　だが、これらの給付や貸付が終了したからであろうか、直近の2023（令和5）年4月の保護受給世帯は164万4千世帯であり、前年同月より6,397世帯（0.4%）、2020（令和2）年7月と比べると約3万世帯増えている。2008（平成20）年9月のリーマンショックの時も、保護受給世帯が増加したのは手持金を消費した半年後であった。その経験からいえば、保護受給世帯が本格的に増加するのはこれからとも考えられる。

2．社会保障制度の改革

　わが国の社会保障制度は戦後に本格的な整備が進められ、1961（昭和36）年の「国民皆保険・国民皆年金」の実施や、その後の展開により国民の暮らしを支える制度として確立されたといえる。しかし急速な少子・高齢化や経済成長の鈍化により、それまでの社会保障制度を見直す「社会保障制度改革」が、現在まで数多く計画され実施されてきた。

　ここでは近年の動向として、2012（平成24）年以降の4つの改革についてみていきたい。

⑴　社会保障・税一体改革［2012（平成24）年2月〜2019（令和元）年10月］

　「社会保障制度改革国民会議」において、団塊の世代が後期高齢者となる2025（令和7）年を念頭にした社会保障改革の全体像と、必要な財源を確保するための消費税を含む税制度の抜本改革について検討された。報告書では社会保障改革の方向性として6点が示された。

⑵　2040年を展望した社会保障・働き方改革［2018（平成30）年10月〜］

　社会保障・税一体改革の区切りを踏まえて「2040年を展望した社会保障・働き方改革本部」において、団塊ジュニア世代が高齢者となる2040年を見据えた検討が進められた。報告書では現役世代の人口の急減という新たな局面に対応した政策課題として3点が示された。

⑶　全世代型社会保障改革［2019（令和元）年9月〜］

①　全世代型社会保障検討会議［2019（令和元）年9月〜2021（令和3）年1月］

　人生100年時代の到来を見据えながら、高齢者だけでなく、子どもや子育て世代、そして現役世代の安心した生活を支えていくために、年金、労働、医療、介護、少子化対策など、社会保障全般にわたる持続可能な改革について検討が進められた。

　報告書では少子化対策として「不妊治療の保険適用、保育所待機児童の解消、男性の育児休業の取得促進」が、医療対策として「医療提供体制の改革、後期高齢者の自己負担のあり方、かかりつけ医機能の強化を図るための定額負担の拡大」について具体的な方針が示された。

②　全世代型社会保障構築会議［2021（令和3）年11月〜］

　全世代対応型の持続可能な社会保障制度を構築する観点から、社会保障全

般の総合的な検討が進められ、2022（令和4）年12月16日に報告書が公表された。

　報告書では「目指すべき社会の将来方向」が3点、「全世代型社会保障の基本理念」が5点示され、さらに「具体的な改革」を「こども・子育て支援の充実、働き方に中立な社会保障制度等の構築、医療・介護制度の充実、地域共生社会の実現」の4点とし、それぞれの基本的方向や取り組むべき課題、今後の改革の工程を示した。

⑷　こども未来戦略方針［2023（令和5）年4月〜6月］

　2023（令和5）年、総理大臣を議長とし、関係大臣と有識者で構成された「こども未来戦略会議」において、こども・子育て政策を強化するための具体的な施策の内容、予算、財源のあり方について検討が進められた。会議は2か月の間に6回開催され、同年6月13日には報告書が公表された。

　報告書では「こども・子育て政策の課題」を提示し、それに対する政策の基本理念として「若い世代の所得を増やす」「社会全体の構造や意識を変える」「全てのこども・子育て世帯を切れ目なく支援する」といった3つを示している。さらに、今後3年間の集中取組期間において実施する「加速化プラン」の内容（児童手当の拡充、出産費や医療費の経済的負担の軽減、子育て世帯への住宅支援等）を明らかにしている。

　このように社会保障制度改革が進んでいるが、わが国は本格的な「少子高齢化・人口減少時代」を迎えようとしている。これに対応するには、まずは少子化・人口減少の流れを変え、今後も続く超高齢社会に備えることであろう。その際に、国や地方自治体等による社会保障給付や福祉サービスには限界があるため、地域の支え合いがどうしても不可欠である。全世代型社会保障のためにも地域共生社会の実現が求められているといえよう。

〈参考文献〉
　渋谷哲編『貧困に対する支援』みらい　2021年
　『国民の福祉と介護の動向2023/2024』厚生労働統計協会　2023年
　『国民の保険と年金の動向2023/2024』厚生労働統計協会　2023年

コラム　　子どもの貧困

　厚生労働省の調査で子どもの貧困率が11.5%（2021年調査）と発表された。子どもの8人に1人が、平均的な所得の半分（年収123万円）以下の世帯で暮らしている結果である。2012（平成24）年は16.3%であったので少々改善したが、先進国のなかでは高いランクである。

　なぜ日本の子どもの貧困率がこれほど高いのだろうか。それは貧困に陥りがちな母子世帯の増加がひとつの理由である。厚生労働省の2021（令和3）年調査によると母子世帯の平均年収は373万円。仕事による平均年収は236万円にすぎず、働いている母親のうち約43%が、派遣やパートといった非正規雇用である。働いても貧困から抜け出せないワーキングプアの母親が多い状態にあるといえる。なお、ひとり親世帯の貧困率は44.5%（2021年調査）であり、半数近くの世帯が生活に困窮している状況にある。

　このような生活状況で育つ子どもに心配なのは、経済的理由により学習する機会が失われ、大人になっても貧困から抜け出せない「貧困の連鎖」や「貧困の再生産」だ。生活困窮者自立支援制度に学習支援事業が位置づけられているのも、これへの対策といえよう。

　では、どうしたらよいのか。長期的には非正規雇用を正規雇用に代えていく取り組みが考えられるが、まずは児童手当と児童扶養手当の増額であろう。特に、ひとり親世帯を対象とした児童扶養手当の増額（子ども2人以上世帯への加算の大幅な見直しを含む）と所得制限の緩和をすることで、子どもの貧困率は下がるだろう。

第**6**章

子どもと家族の福祉

キーポイント

　日本の人口構造の特徴は少子高齢化である。少子化は高齢化とともにマスコミに取り上げられているが、果たして少子化は問題なのだろうか。もし問題であるとするなら誰にとって問題であり、どのような改善策が必要なのだろうか。

　少子化の要因は、産業構造の変化や晩婚・非婚化現象だけでなく、子どもを生み育てることが困難な社会の事情を反映している。子どもにとって少子化は必ずしも健全な成長・発達につながるものではない。

　家庭は子どもが育つ場であり、社会や家族によって子どもの人権が常に尊重されているのが理想である。

　子ども家庭福祉は子どもと家族の福祉を進める領域である。子どもを取り巻く現状と、具体的な制度・政策を知ることは保育の仕事を理解するうえで欠かすことができない。

1　子どもと家族の福祉とは

1．権利主体としての子ども

　「子供」を「子ども」と表記するようになったのは、「供」が「主たる人に従っていくこと」を意味するからである。その契機になったのは、1989年に国連総会で採決された「児童の権利に関する条約」（子どもの権利条約）[*1]であり、日本は1994年に158番目の批准国となった。

　児童の権利に関する条約は、18歳未満のすべての子どもの人権尊重を謳っていて、その最大の意義は「保護される子ども」から「権利主体としての子ども」へと、子どもを権利行使の主体として位置づけたことにある。

　条約には、皮膚の色、性、言語、宗教、社会的出身、心身障害などの違いによる差別は認めず、すべての子どもに条約が定める権利が確保されること（第2条）、子どもの最善の利益を法的、社会的に考慮することが義務づけ

られ（第3条）、年齢に応じた意見表明権（第12条）や虐待、放任、経済的・性的搾取から子どもを保護すること（第19・20・32・34条ほか）が明記されている。

2016（平成28）年に改正された児童福祉法[*2]第1条では、上記条約の精神にのっとり、すべての子どもが愛され、心身の健やかな成長・発達・自立が図られ、その他の福祉が等しく保障される主体であることが示された。

2022（令和4）年6月には、「こども家庭庁設置法」「こども家庭庁設置法施行に伴う関係法律の設備に関する法律」、そして「こども基本法」が公布され、2023（同5）年4月1日に施行された。こども基本法の目的は、「日本国憲法及び児童の権利に関する条約の精神にのっとり、（中略）将来にわたって幸福な生活を送ることができる社会の実現を目指して、こども施策を総合的に推進する」ことである。

「こども」という表記は「心身の発達の過程にある者」として年齢による定義をしていない。こども家庭庁は、ポスト青年期を含む子ども・若者育成支援法を所管し、子どもから若者への連続性と課題の共通性から「若者」と「子ども」の区別を避けたとの見方がある[1]。

＊2　児童福祉法とその改正については、第3章p.48を参照。

2．家族と子ども

1994年は国際家族年であった。この時の世界共通のスローガンは「家族からはじまる小さなデモクラシー」で、意味する課題は家族構成員の平等と女性・子ども・高齢者・障害者の人権確立にあったことは周知の事実であろう。

日本の一世帯あたりの平均世帯人数は、1965（昭和40）年に3.75人であったのが2022（令和4）年には2.25人へと減少した[*3]。背景には産業構造の変化によって人口が都市部に集中した結果、三世代世帯は減り、夫婦のみ・ひとり親と未婚の子といった形態をとる家族が増加したことがある。一方で、人々の意識や生活スタイルも変わり、晩婚化や非婚などにより子どもを産まない、産んでも1人か2人と少数で、これは合計特殊出生率を低下させた。

このような家族の小規模化は、家族の機能にも変化をもたらした。かつてのように家族構成員が一体となって生産活動（農林水産業や小規模商店の経営など）に従事することは少なくなり、家族のなかの誰かが雇用労働者として働きに出るというように生産機能は変質した。教育機能は教育専門機関である学校が社会的責任を負っているが、家庭内での教育関連活動（学習指導・塾通いの支援・学校選びなど）は増している。保護（福祉）機能についても子育てや高齢者の介護は家族にゆだねられているのが現状である。

＊3　第1章p.18の図1-3を参照。

つまり、家族の規模が小さくなっているがゆえに、家族が担う機能は専門化し、そして少ない構成員には凝縮した家族機能を遂行する責任がのしかかっている。

3．保育士が子どもと家族の福祉を学ぶ視点

保育ニーズの高まりや待機児童＊4の増加は、働く女性が増えたことが原因ではない。戦前は夫や自分の母親（子どもの父方・母方の祖母）など身近なお年寄りに子どもを預けて農作業や商売などの仕事をする「働く女性」が多数派であった。「専業主婦」が登場したのは数十年前のことである。「働く女性が増えた」のではなく、結婚や出産後も雇用労働者として働くという選択をする人が増えたのである。しかし、現在は子どもを預けられる家族は存在しないか、存在するにしても遠方に住んでいたり、高齢で世話を頼むのが困難な場合が多い。このような状況が、子どもと家族の福祉のニーズを高めている。

産業構造や家族形態の変化が子どもにどのような影響を与えているのかという視点をもつことは、子どもと家族を理解するための基礎といえるだろう。

2　子どもと家族のための福祉サービス

1．児童福祉施設の概要

児童福祉法は、児童が心身ともに健やかに育つように努める義務が、保護者だけでなく国および地方公共団体、すべての国民にあると定めている。児童とは満18歳に満たない者を指し、乳児・幼児・少年に分けられる。

第7条には児童福祉施設として、助産施設、乳児院、母子生活支援施設、保育所、幼保連携型認定こども園、児童厚生施設、児童養護施設、障害児入所施設、児童発達支援センター、児童心理治療施設、児童自立支援施設および児童家庭支援センター規定されている。また2024（令和6）年4月には、新たに里親支援センターが追加される。

児童福祉施設は入所型と通所型に大別できる。乳児院や児童養護施設をはじめとする入所型施設は、子どもたちの家庭の代替として、地域の学校等に通うにしろ生活のすべてが施設の職員にゆだねられる。一方、児童福祉施設

のなかで圧倒的に数の多い保育所は、通所型施設である。子どもの生活の基盤は家庭であり必要に応じて施設を利用する。ここでの職員の仕事は、家族と協力して子どもを育てていくことである。

2．児童福祉施設で働く人

　児童福祉施設で最も数が多いのは保育所である。保育所等（認定こども園も含む）で働く「保育士」は38万4,371人、「保育教諭」は12万583人（うち保育士資格保育者は11万4,224人）となっている。

　入所型施設のなかで最も保育士が多く働いているのは、児童養護施設である。以下で保育所の保育士と児童養護施設の保育士の仕事を比較してみよう。

〈保育所の保育士の1日〉

　保育所の保育士の1日は、子どもを迎える準備からはじまる。保護者から子どもを預かる際には、あいさつや必要に応じて保護者と言葉をかわし、1日のプログラムに沿ってクラスで身体を動かしたり歌を歌ったり絵を描いたりする。昼食やおやつ、お昼寝、低年齢の子どもの場合には着替えや排泄の際の援助も保育士の仕事となる。子どもたちがお昼寝をしている間に保護者への連絡帳に子どもの様子を記入したり教材を作成したりする。

　夕方には迎えに来た保護者への対応と延長保育の子どもへの保育を行う。

〈児童養護施設の保育士の1日〉

　児童養護施設は大舎制・中舎制・小舎制という処遇形態がある。より家庭に近い環境を子どもに提供するのは小舎制であるが、経験の少ない職員の負担は重くなりやすい。

　小舎制の施設で低年齢の子どもをみている保育士の仕事は、まさに家庭で多くの親がしている仕事と同じである。施設の保育士の朝は、子どもを起こし、朝食を準備して保育所・幼稚園や学校に子どもたちを送り出すことからはじまる。子どもがいない間に洗濯や掃除などをすませるが、職員会議や子どもが通う園や学校の用事で外出することもある。子どもが帰ってきた後は、話を聞いたり宿題をみたりして夕食の支度をする。夜は必要に応じて個別の対応をしながら、低年齢の子どもから寝かせていく。子どもが病気になると夜も看病をすることになる。

　通所型施設での保育士の仕事は、子どもの健全な心身の発達を促すことが

主である。入所型施設での仕事は、それに加えて子どもの毎日の生活を支えることに仕事の比重がかかる。子どもの家族との関係では、通所型施設の保育士はあくまで保育士としてのかかわりとなるが、入所型施設の保育士は子どもの権利を代弁する「保護者」ともなる。

3 少子化と次世代育成支援

1. 少子化の背景

　近年、合計特殊出生率は人口置換水準＊5である2.07を下回り続け、2005（平成17）年には1.26となった（図6−1）。合計特殊出生率の低下は、女性の出産回数の減少だけでなく、晩婚や非婚を選択する人の増加も影響している。

　夫婦の完結出生児数（夫婦あたりの出生児数）をみると、1967（昭和42）年に2.65人であったのが、1987（同62）年以降は2.2人程度と漸減した。結婚年齢が高くなると出産・育児を可能と考える期間が短くなるため、子ども

図6−1　出生数および合計特殊出生率の推移

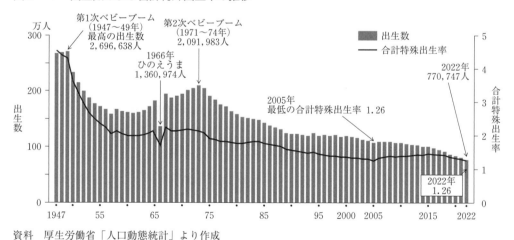

資料　厚生労働省「人口動態統計」より作成

表6−1　合計特殊出生率および完結出生児数の推移

	1967年	1987年	1997年	2002年	2005年	2010年	2015年	2021年
合計特殊出生率	2.23	1.69	1.39	1.32	1.26	1.39	1.45	1.30
完結出生児数	2.65	2.19	2.21	2.23	2.09	1.96	1.94	1.90

資料　厚生労働省「人口動態統計」「生産力調査」「出生動向基本調査」より作成

の数は抑制される。

　2022（令和４）年には、合計特殊出生率は1.26となり、出生数は77万747人で、統計を始めた1899年以降で最少となり、加速する深刻な少子化の実情が一層浮かびあがってきている（図6−1）。

　このような少子化の背景には、晩婚・非婚化現象のほかに、教育コストの上昇や住宅環境の劣化を原因とする「育児コスト増加説」と、女性の仕事志向や自己実現志向の高まりと育児関心の相対的低下を理由とする「女性の社会進出原因説」、適切とされる育児水準の上昇を原因とする「育児水準高度化説に加え、都市部を中心とした待機児童の問題」[2] などがあり、これらすべてが、大なり小なり少子化の原因としてかかわっているといえるだろう。

2．少子化が社会に与える影響

　少子化の進行は、社会のさまざまなことに影響を及ぼす。労働人口の減少は経済成長を鈍化させ国の税収や労働者の賃金にもマイナスの要因となる。また、少子化が進むことで人口に占める高齢者の比率が高まると、保険や年金などの社会保障分野における現役世代の負担が増加する。少子化の進行は、国民の生活水準の低下につながるのである。

　経済的な負担が重くなり生活が厳しくなると、単身者や子どものいない世帯が増加するなど家族形態の変容に影響を及ぼすことが懸念される。子どもの数が減少することにより、子ども同士の交流の機会が減少し、子どもの社会性が育まれにくくなるなど、子ども自身の健やかな成長への影響は見逃せない。文部科学省によると、全国の小中高校に通う児童生徒数は2022（令和４）年度は約1,231万人で、ピークの1985（昭和60）年度の約2,226万人から1,000万人近く減少した。学校も約４万2,000校から8,000校減少した。廃校により地域の過疎化も進んでいく。

3．少子化に対する国の取り組み

　1989（平成元）年の人口動態統計において、合計特殊出生率が過去最低の1.57となったことが明らかになり、1990（同２）年には「1.57ショック」とよばれた。政府は、出生率の低下と子どもの数が減少傾向にあることを「問題」とし、次代の社会を担う子どもを安心して生み、育てることができる環境を整備し、子どもが健やかに育つことができる社会の実現のために、総合的な少子化対策に取り組みはじめた（表6−2）。

表 6 - 2　少子化に対する国の取り組み

エンゼルプラン 　1995（平成7）年度～ 　1999（同11）年度	1990（平成2）年の「1.57ショック」を契機に、政府は、仕事と子育ての両立支援など子どもを生み育てやすい環境づくりに向けての対策の検討をはじめ、1994（同6）年12月、今後10年間に取り組むべき基本的方向と重点施策を定めた「今後の子育て支援のための施策の基本的方向について」（エンゼルプラン）を策定。
新エンゼルプラン 　2000（平成12）年度～ 　2004（同16）年度	従来のエンゼルプラン等を見直し、「少子化対策推進基本方針」と、この方針に基づく重点施策の具体的実施計画として「重点的に推進すべき少子化対策の具体的実施計画について」（新エンゼルプラン）を策定。
次世代育成支援対策推進法 　2003（平成15）年7月～	次世代を担う子どもを育成する家庭を社会全体で支援する観点から、「次世代育成支援対策推進法」を制定。地方公共団体および事業主が、次世代育成支援のための取り組みを促進するために、それぞれ行動計画を策定し、実施する。2014年（平成26）年の法改正により、有効期限が10年間延長され、新たな認定制度の導入など内容の充実が図られた。
少子化社会対策基本法 　2003（平成15）年9月～ 少子化社会対策大綱 　2004（平成16）年6月～ 　2010（同22）年1月	2003（平成15）年7月、「少子化社会対策基本法」が制定され、同年9月から施行された。同法に基づき、2004（同16）年6月、「少子化社会対策大綱」が閣議決定。
子ども・子育て応援プラン 　2005（平成17）年度～ 　2009（同21）年度	少子化社会対策大綱に盛り込まれた施策の効果的な推進を図るため、「少子化社会対策大綱に基づく重点施策の具体的実施計画について」（子ども・子育て応援プラン）を決定、国が地方公共団体や企業等とともに計画的に取り組む必要がある事項について、2005（平成17）年度から5年間に講ずる具体的な施策内容と目標を掲げた。
第2次少子化社会対策大綱（子ども・子育てビジョン）の策定 　2010（平成22）年1月～ 　2015（同27）年3月	少子化社会対策基本法に基づく第2次少子化社会対策大綱（子ども・子育てビジョン）は、これまでの「少子化対策」から「子ども・子育て支援」へと視点を移し、社会全体で子育てを支えるとともに、「生活と仕事と子育ての調和」をめざすことを目的とした。
子ども・子育て支援新制度本格施行まで 　2012（平成24）年3月～ 　2015（同27）年3月	「子ども・子育て新システムに関する基本制度」が少子化社会対策会議において決定、これに基づき、社会保障・税一体改革関連法案として提出され、国会での修正を経て成立した子ども・子育て関連3法に基づき、子ども・子育て支援新制度の本格施行に向けた準備が進められた。2014（同26）年度には、待機児童対策として「保育緊急確保事業」が行われた。
第3次少子化社会対策大綱の策定と推進 　2015（平成27）年3月～ 　2020（令和2）年5月	「新たな少子化社会対策大綱策定のための検討会」（提言）がとりまとめられ、この提言を受けて第3次少子化社会対策大綱を閣議決定した。本大綱では、新たに結婚の支援を加え、子育て支援策の一層の充実、若い年齢での結婚・出産の希望の実現、多子世帯への一層の配慮、男女の働き方改革、地域の実情に即した取組強化の5つの重点課題を設けた。
子ども・子育て支援新制度の施行 　2015（平成27）年4月～	2012（平成24）年に成立した子ども・子育て関連3法に基づく子ども・子育て支援新制度が、2015（同27）年4月1日から本格的に施行した。
子ども・子育て支援法の改正 　2019（令和元）年10月～	保護者の経済的負担の軽減を目的とし、2019（令和元）年の消費税率引き上げと併せて、幼児教育・保育の無償化が行われた。
第4次少子化対策大綱 　2020（令和2）年5月～	希望出生率1.8の実現に向け、環境を整備する。また男性の育児休業取得率を2025（令和7）年に30％まで上げるといった目標を掲げた。
全世代型社会保障改革の方針 　2019（令和3）年～ 　2020（令和4）年開催	不妊治療への保険適用、待機児童の解消、男性の育児休業の取得促進、さらには一定所得以上の後期高齢者の医療費負担割合を2割に引き上げる（2020年12月15日閣議決定）。
こども政策の新たな推進体制に関する基本方針	こども家庭庁設置法、子ども家庭庁設置法の施行に伴う関係法律の整備に関する法律が国会に提出されるにあたり、この方針が閣議決定された（2021年12月21日閣議決定）。

4　子ども・子育て家庭への支援

1．高まる保育需要

　子どもの発達は、親はもちろん親以外の大人との関係やきょうだい、地域での同年代の子どもなど、多様な人間とのかかわりによって促される。しかし現在は、核家族で母親が一人で子育てをし、きょうだいはいても1人、近くに同世代の子どもがいないというケースも多い。家庭、地域が子どもの健全な成長発達を保障する生活の場ではなくなっている。また、貧困化など子どもや家族の育ちの場である環境の悪化は、保育需要を高める。

　保育需要の高まりに対しては、地域の子育て支援の量の拡充と質を向上させ、子どもを産み育てやすい環境を整備し、共働き家庭だけでなく、すべての子育て家庭を支援していくことが必要である。

　2015（平成27）年4月から実施されている子ども・子育て支援新制度では、地域子ども・子育て支援事業*6により、地域の実情に応じた子ども・子育て支援の充実を推進している。これにより、地域の実情に応じ、地域子育て支援拠点事業、一時預かり事業などの在宅の子育て家庭に対する支援や、延長保育、病児保育、放課後児童クラブなどの多様な保育ニーズに応える事業を展開している。

　子育て支援のなかでも、待機児童の解消は取り組むべき最重要課題であり、潜在需要も含めた保護者の保育ニーズに対応した保育の受け皿と保育士の確保が求められている。2023（令和5）年3月末に政府は保育士1人につき1歳児5人の「5対1」、4～5歳児は保育士1人につき25人の「25対1」を達成した保育所に運営費を加算する「こども・子育て政策の強化について（試案）」を発表した。保育士が不足するなか、保育士を確保できた保育所から運営費の加算で評価する、条件付きの「配置基準」の引き上げである。これに対して、潜在保育士の問題を解決するための処遇改善と保育所保育士の配置基準の見直しを求める保護者団体「全国保護者実行委員会」が発足した。

2．今日的な問題への対応

　少子化対策と同様に社会全体で取り組まなければいけない重要な課題のひとつとして子ども虐待への対応がある。2000（平成12）年11月に施行された

*6　子ども・子育て家庭などを対象とする事業として、市町村子ども・子育て支援事業計画に従って実施する事業で、①利用者支援事業、②地域子育て支援拠点事業、③一時預かり事業、④乳児家庭全戸訪問事業、⑤養育支援訪問事業等、⑥子育て短期支援事業、⑦子育て援助活動支援事業（ファミリー・サポート・センター事業）、⑧延長保育事業、⑨病児保育事業、⑩放課後児童クラブ、⑪妊婦健康診査、⑫実費徴収に係る補足給付を行う事業、⑬多様な事業者の参入促進・能力活用事業がある。

児童虐待の防止等に関する法律や児童福祉法の改正、民法等の一部を改正する法律による親権停止制度の新設などにより、制度的な充実が図られてきた。しかし全国の児童相談所における子ども虐待に関する相談対応件数は一貫して増加し、2022（令和4）年度には21万9,170件（速報値）となっている。

　子ども虐待のリスク要因として、①保護者自身の性格や精神疾患などの身体的・精神的に不健康な状態、育児に対する不安やストレス、被虐待経験などの保護者のリスク要因、②ひとり親世帯、貧困世帯、配偶者からの暴力等不安定な状況にある家庭などの養育環境、③乳児期の子ども、未熟児、障害のある子ども、何らかの育てにくさがある子どもなど、子ども側のリスク要因が挙げられ、それぞれの要因が複雑に絡み合って虐待が起こると考えられている。「発生予防」「早期発見・早期対応」「子どもの保護・自立の支援」「保護者への支援」に至るまでの切れ目のない総合的な支援体制の整備・充実が求められている。地域子ども・子育て支援事業の「地域子育て支援拠点事業」「乳児家庭全戸訪問事業」「養育支援訪問事業」は、子ども虐待の発生予防のための相談体制と位置づけられる。

　また、養育環境のリスク要因となっているひとり親世帯、貧困世帯、配偶者からの暴力については、それぞれ、「母子及び父子並びに寡婦福祉法」「子どもの貧困対策の推進に関する法律」「配偶者からの暴力の防止及び被害者の保護等に関する法律」で、その対象者への支援や防止対策が図られている。厳しい生活環境にある保護者や子どもを支援するこれらの取り組みにより、子どもの将来がその生まれ育った環境によって左右されることのないようにしようとしているのである。

　さらに、2016（平成28）年の児童福祉法等の改正により、子ども虐待を未然に防ぐとともに、虐待を受けたとしても重篤化する前に迅速に発見し、的確に対応するための対応策として、母子健康包括支援センター（子育て世代包括支援センター）の全国展開、市町村および児童相談所の体制の強化、里親委託の推進などが行われた。2019（令和元）年の改正では、体罰の禁止、児童相談所の体制の充実が図られた。

　2022（令和4）年の改正では、こども家庭センターの設置*7、児童養護施設における自立支援の年齢制限を撤廃し、こども家庭ソーシャルワーカー（認定資格）の養成を2024（同6）年度より開始する。

3．保育士に期待される役割

　保育士は、障害のある子どもや不登校、かん黙など心理・行動上の問題を

＊7　子育て世帯に対する包括的な支援のための体制強化及び事業の拡充を図るため、子ども家庭総合支援拠点と子育て世代包括支援センターの機能を一本化した、こども家庭センターの設置が努力義務化された。

有する子ども、被虐待が疑われる子どもなどへの個別的な支援だけではなく、地域の子育て家庭に対する支援も求められている。一時保育や育児講座、子育てサークルなどの活動を通しての乳幼児の保育に関する相談・助言がこれにあたる。

　保育所の利用率が高まり、子育て家庭を取り巻く環境が変化しているなか、厚生労働省は「保育所保育指針」の改定を2017（平成29）年に行い、2018（同30）年4月より施行した。この改定では、①乳児、1歳以上3歳未満児の保育に関する記載の充実、②保育所保育における幼児教育の積極的な位置づけ、③子どもの育ちをめぐる環境の変化を踏まえた健康および安全の記載の見直し、④保護者・家庭および地域と連携した子育て支援の必要性、⑤職員の資質・専門性の向上、の5項目の方向性に沿った見直しが図られた。保育所が果たす社会的な役割が高まっているなか、保育士としての専門性の向上や子育て支援への取り組みがますます求められてきている。

　また、児童虐待の防止等に関する法律では、保育所をはじめとする児童福祉施設や学校、病院に対して、児童虐待の早期発見や児童虐待防止のための教育や啓発などに関する努力義務（第5条）が、児童福祉法では被措置児童等虐待の防止（第33条の11）が定められている。保育士は常に子どもの権利を守り、子どもの最善の利益を考慮しなければならないのである。

　子どもの権利侵害にかかわる重大なことが保育所で明らかになる場合もあるので、関連機関との連携は不可欠である。他職種のなかでの保育士の役割や保育所においてどのような支援体制をとっていくのかは、日常の保育と子どもや保護者への洞察から導き出されるものだろう。

　子どもは権利の主体であるが、本人の力では如何ともしがたいことによって社会的不利益を被りやすい。保育の仕事は子どもの権利を守る最前線に立つことといえる。

〈引用文献〉
　1）日本弁護士連合会子どもの権利委員会編『子どもコミッショナーはなぜ必要か—子どものSOSに応える人権機関—』明石書房　2023年　pp.24-25
　2）井上眞理子・大村英昭編『ファミリズムの再発見』世界思想社　1995年　p.57

〈参考文献〉
　小六法編集委員会編『福祉小六法』みらい　2023年
　川﨑愛「子育て支援の展開—家族の変容を手がかりに—」平安女学院大学短期大学部保育研究会『保育研究』第31号　2003年

コラム　ゴールは「待機児童」ゼロ？

　読者のなかには、すでに保育所にボランティア、アルバイトや実習で行った方もいるでしょう。その保育所は自分が行きたかった、あるいは働きたくなるような魅力がありましたか。将来、自分や親しい人の子どもにぜひ行かせたいところでしょうか。

　周知の通り、保育所・保育士不足による「待機児童」の問題は深刻で、保護者の働き方や住む場所を含めた生き方、子どものきょうだいの有無や子どもの発達に影響しています。保育の質と量を担保するためのさまざまな指針・制度が打ち出されていますが、特に都市部では量の拡大を急ぐあまり、質の充実の視点が後回しにされがちです。

　電車や道路の高架下に設けられた認可保育所には太陽の光は差し込まず、園庭と保育室にある高架を支えるコンクリートの太い柱は保育者から子どもの姿が見えない「死角」となります。音や振動を抑える対策はとられていても完全ではないのです※。

　また、子どもの数に対して配置すべき保育士の数を満たしていない保育所もあります。定員を大幅に上回る子どもを受け入れながら、子どもには定員数だけの給食しか与えず、分け合いながら食べるその給食は、栄養的にも量的にも摂取基準を満たしたものではなかったことが明るみになった保育所もありました。質が伴わない量の拡大は時に大きな問題を引き起こしかねません。低年齢児の突然死の発生率が、家庭を含めた国全体と比べて保育施設の方が高くなっているのも、そうした保育の質が要因のひとつとしてあります。

　「待機児童」を「ゼロ」にするために各自治体は保育施設の整備を進めていますが、保育士不足を理由に子どもの受け入れ枠を減らさなければならない事態も発生しています。「潜在保育士」の子どもが保育所に入所すれば、再び保育士として就労することができ、実子以上の数の子どもを保育することができるため、保育士の子どもの入所を優先する自治体もあります（政府は2018（平成30）年度から保育士の子どもが優先的に認可保育施設に入れるよう全国の自治体に要請しました）。

　産休・育休を利用し、子どもを育てながら保育士が働き続けるためには、職員配置をはじめとした職場の勤務体制の見直しが必要となります。国が進める保育士の待遇改善策のほか、自治体、各園も保育士の働き方や職務に見合った待遇が提供できるよう労働条件を向上させていくことが必至です。

　保育所を児童福祉法第１条で示された理念である「心身の健やかな成長及び発達並びにその自立」が図られる場所として具現化させるにはどうしたらよいでしょうか。そのためには、行政や保育所の関係者・利用者だけでなく、かつて子どもであったすべての人が家庭以外の乳幼児の居場所について、自分のこととして考え続けていくことが第一歩となります。それは保育所で働く保育士らにとっても専門性を深め、仕事への誇りをもって、自分の生活を構築しながら働いていくことにつながります。

　※　猪熊弘子『「子育て」という政治』KADOKAWA　2016年　pp.50－53

第**7**章

障害のある人の福祉

キーポイント

　障害のある人の支援へ関わるにあたり、障害・障害のある人に対する偏見を変容していくことが重要となる。障害と障害のある人に対する誤った認識がある場合、社会生活上において気づかないうちに当事者やその家族に不利益をおよぼしかねない。

　また、ノーマライゼーションの提唱が、世界における障害福祉の転換の契機となり、その後の保育・福祉をはじめ教育・医療等への領域にも多大な影響を与えていくこととなった。したがってノーマライゼーションの理念と、それ以降の国際的動向についても理解していく必要がある。

　そして、家族からの相談および支援も保育士業務の範疇に含まれることから、障害のある子どもをはじめ保護者にかかわる多様な事象への対応が要求される。そのため、障害福祉に関する正しい知識を本章において深めていただきたい。

1　障害のある人の福祉の動向

1. 障害のある人に対する社会的意識

　北海道南西部の縄文時代後期にあたる入江貝塚から出土した成人の骨格の調査[1]において、四肢長骨がすべて著しい異常にあり、正常な力学的構造が完全に失われた形態であったと推察できる人骨があった。この調査から、既に縄文時代には身体などに障害を有するであろう人が、長期にわたり何らかの支えを必要としながら生活を送っていたことがわかる。

　このように、わが国では有史以来、障害のある人とともに生きてきたといえる。しかし、時代によっては互いに支え合うという発想ではなく、「存在してはならぬ者」「役に立たない邪魔者」等として遺棄・抹殺される、「慈善の対象」として哀れみを受ける、「特異な存在」として奇異な目を向けられ

たり、蔑まれる、政策による隔離など、各時代の社会相によってその処遇は多様であった。

　現代の社会生活上のさまざまな場面においても、障害のある人への不利益な行為などに何ら疑問を感じないような風潮が垣間みられる。たとえば人間の価値付けとして、社会的地位、外見、学歴、職業、障害の有無などが影響することを経験したことがないだろうか。これは社会に役立つか否か（社会効用論的人間観）という評価により人間の優劣をつけているといえる。

　このように過去を振り返ると、障害のある人にとって人間としての存在意義と尊厳、人間らしく生きていくための権利について、多くの不利益を被ってきたのであろう。

2．障害のある人に対する権利保障への潮流－ノーマライゼーションを中心に－

(1)　ノーマライゼーションの考え方

　第二次世界大戦後、「人類の固有の尊厳と平等で譲ることのできない権利の承認」を謳った「世界人権宣言」が1948年に国連で採択された。1950年代には、デンマークにおいて障害のある人の処遇やその福祉に対する根本的認識の転換となるノーマライゼーションの理念（表7－1）がN.E.バンク－ミケルセンによって提唱される。

　この理念は、1950年代前半にデンマークで発足した知的障害児・者の親の会が施設入所者の処遇改善等を求めた活動に、当時社会省の行政官であったバンク－ミケルセンが協働していくことで萌芽していく。そして、デンマークではノーマライゼーション理念を反映させた法律「1959年法」が成立する。

　ノーマライゼーションとは、バンク－ミケルセンの「その国の人たちがしている普通の生活と全く同様な生活をする権利をもつことを意味します。障害のない人びとと同じ生活条件をつくりだすことをいいます。障害がある人をノーマルにすることではありません」[2]という言説の表現化といえる。

　さらに1960年代には、スウェーデンにおいてB.ニィリェが、1970年代にはW.ヴォルフェンスバーガーがアメリカ合衆国およびカナダなどへのノーマライゼーションの拡散に貢献する。B.ニィリェは、ノーマライゼーションを実現するための8原理を提唱し、W.ヴォルフェンスバーガーは、社会学的観点から文化的視点を取り入れた定義を再構築したのが特徴である。

　ノーマライゼーションとは、障害のある人を普通の社会生活が送れるように健常者に近づける・変えていくことを意味するのではない。障害の有無に関係なく、人間らしく生きる権利、住みたい地域・生まれ育った地域におい

表7-1　ノーマライゼーションの定義

N.E.バンク-ミケルセン（Neils Erik Bank-Mikkelsen：デンマーク）
精神遅滞者の生活を可能な限り普通（ノーマル）な状態に近づけるようにする。
B.ニィリェ（Bengt Nirje：スウェーデン）
すべての精神遅滞者の日常生活の様式や条件を、社会の普通の環境や生活方法にできるだけ近づけることを意味する。①一日のノーマルなリズム。②一週間のノーマルなリズム。③一年間のノーマルなリズム。④ライフサイクルをとおして、ノーマルな発達のための経験をする機会をもつこと。⑤無言の願望や自己決定の表現に対して、ノーマルな尊敬が払われること。⑥男女両性のある世界で暮らすこと。⑦他の市民と同じノーマルな経済水準が保障されること。⑧ノーマルな環境水準が保障されること（両親や職員の環境水準もノーマルであること）。
W.ヴォルフェンスバーガー（Wolf Wolfensberger：アメリカ合衆国）
できるだけ文化的に通常となっている手段を利用することによって、できるかぎり文化的に通常な人間の行動と特徴を確立し、あるいは保持すること。

出典　中園康夫『ノーマリゼーション原理の研究－欧米の理論と実践－』海声社　1996年
　　　pp.5-6をまとめたものである。

て生活やその諸条件などを、同じ市民として保障される社会を創造していこうとする考え方（理念）といえる。

(2)　ノーマライゼーションの広がり

　ノーマライゼーションの提唱は、国連を中心に障害のある人の権利保障や処遇改善などに向けた国際的な取り組みへと展開していく原動力となり、各国の障害児・者福祉の発展と充実に大きく貢献していく。たとえば、1975年「障害者の権利宣言」、1980年WHO「国際障害分類」、1981年「国際障害者年（テーマ：完全参加と平等）」、1983年「障害者の十年」、1993年「アジア太平洋障害者の十年」、2006年「障害者の権利に関する条約（2014年、日本批准）」採択などが挙げられる（表7-2）。

　このような世界的動向のなか、日本の障害児・者福祉施策も、1981（昭和56）年の「国際障害者年」をきっかけに、障害者の人権保障や地域生活志向、QOLの向上のための取り組みが徐々に進展していく。

　北欧を発端とするノーマライゼーションは1980年代以降、世界的な開花をみせ、現在では世界の障害福祉はもちろんのこと、社会福祉の基本理念として定着し、さらには教育など他分野にも影響をおよぼしていく。

表7－2　障害者福祉の動向

国際的動向	日本の動き
1948年　世界人権宣言	
	1949年　身体障害者福祉法
	1950年　精神衛生法（→1988年「精神保健法」→1995年「精神保健及び精神障害者福祉に関する法律」へ）
1959年　ノーマライゼーション理念の提唱（デンマーク：「1959年法」）	
'60年代　スウェーデン	1960年　精神薄弱者福祉法（1999年「知的障害者福祉法」へ）
'70年代　アメリカ	1970年　心身障害者対策基本法（1993年「障害者基本法」へ）
1971年　国連「知的障害者の権利宣言」	
1975年　国連「障害者の権利に関する宣言」	1979年　養護学校義務化（「54義務化」）
1980年　国連「国際障害者年行動計画」採択　　　　WHO「国際障害分類」発行	
1981年　国際障害者年（「完全参加と平等」）	1981年　国際障害者年実施
1982年　国連「障害者に関する世界行動計画」採択	1982年　「障害者対策に関する長期計画」発表
1983年　国連「障害者の十年」開始（〜1992年まで）	1986年　障害基礎年金制度導入
＜1990年　ADA制定（アメリカ）＞	1987年　精神保健法改正
	1989年　知的障害者地域生活援助事業開始（グループホーム事業）
1993年　・ESCAP「アジア太平洋障害者の十年」開始（〜2002年まで）　　　・国連「障害者の機会均等化に関する標準規則」採択	1993年　・「障害者対策に関する新長期計画」　　　・障害者基本法公布
	1994年　「21世紀福祉ビジョン」
＜1995年　DDA制定（イギリス）＞	1995年　・精神保健及び精神障害者福祉に関する法律へ改正　　　・「障害者プラン（ノーマライゼーション7か年戦略）」策定（〜2002年度末まで）
	1997年　「今後の障害保健福祉施策の在り方について」発表
	1999年　知的障害者福祉法へ改正
	2000年　成年後見制度施行　　　　社会福祉法成立
2001年　WHO国際障害分類第2版改訂『国際生活機能分類（ICF）』	2002年　身体障害者補助犬法公布
2003年　第二次アジア太平洋障害者の十年	2003年　支援費制度実施　　　　「障害者基本計画」・「障害者プラン」策定
	2004年　・「今後の特別支援教育の在り方について」　　　・「今後の障害保健福祉施策について〜改革のグランドデザイン案〜」
	2005年　発達障害者支援法施行
2006年　国連「障害者権利条約」採択（12月）	2006年　障害者自立支援法施行　　　　学校教育法改正（特別支援学校・学級）
	2007年　国連「障害者権利条約」日本署名（9月）
2008年　国連「障害者権利条約」発行（5月）	2011年　障害者基本法改正
	2012年　障害者虐待防止法施行
2013年　第三次アジア・大平洋障害者の十年（〜2022年）	2013年　障害者総合支援法施行　　　　障害を理由とする差別の解消の推進に関する法律成立　　　　障害者基本計画（第3次）（〜2017年度末まで）
	2014年　障害者権利条約批准
	2016年　障害を理由とする差別の解消の推進に関する法律施行
	2018年　障害者基本計画（第4次）（〜2022年度末まで）　　　　障害者の雇用の促進等に関する法律改正（法定雇用率の引き上げ）　　　　障害者による文化芸術活動の推進に関する法律施行
	2022年　障害者情報アクセシビリティ・コミュニケーション施策推進法施行
	2023年　障害者基本計画（第5次）（〜2027年度まで）

著者作成

2　障害のとらえ方とその定義

1．障害とは何か

　「障害」という言葉のもつ意味の誤解や、障害のある人に対する偏見から当事者への理解が一方的となりがちである。したがって、障害のとらえ方が当事者への対応を左右するため、障害に対する考え方を正しく認識していく必要がある。「国際障害者年行動計画（1980年）」第63項には、障害に関して下記の通り明記している。

> 障害という問題をある**個人とその環境との関係**[*1]としてとらえることがずっとより建設的な解決の方法であるということは、最近ますます明確になりつつある。〜中略〜社会は一般的な物理的環境、社会保健事業、教育、労働の機会、それからまたスポーツを含む文化的・社会的生活全体が障害者にとって利用しやすいように整える義務を負っているのである。これは、単に障害者のみならず、社会全体にとっても利益となるものである。ある社会がその構成員のいくらかの人々を閉め出すような場合、それは弱くもろい社会なのである。**障害者は、その社会の他の者と異なったニーズを持つ特別な集団と考えられるべきではなく、その通常の人間的なニーズを充たすのに特別の困難を持つ普通の市民と考えられるべき**[*2]なのである。

[*1]　太字は著者による。

[*2]　太字は著者による。

　この指摘の通り、1980年当時すでに障害を個人やその家族だけの問題だけではなく、社会や周囲の環境における物理的、制度的、文化・情報、心理的な障壁（バリアー）の影響によって障害が形成されるという、いわゆる「環境との関係性」という観点に加え、障害のある人も同じ「普通の市民」であるとの再認識を説いている。

2．WHOによる障害の定義

(1)　国際障害分類

　障害の構造と概念を示したものには、WHOが1980年に発表した「国際障害分類」（図7－1上）がある。まず、病気／変調（disease or disorder）により起こる一次的レベルとしての生物学的・医学的な観点でみた「機能・形態障害（impairment）」がある。たとえば、交通事故による脊椎損傷のため足の機能または形態という側面において障害を得てしまう。このような身体などの機能や形態面における状態を「機能・形態障害」と考え、「心理的、生理的又は解剖的な構造又は機能の何らかの喪失又は異常」と定義している。

図7-1　国際障害分類と国際生活機能分類

国際障害分類（ICIDH：International Classification of Impairments, Disabilities, and Handicaps,1980.）

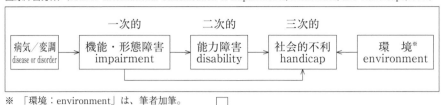

※　「環境：environment」は、筆者加筆。

国際生活機能分類（ICF：International Classification of Functioning,Disability and Health,2001.）

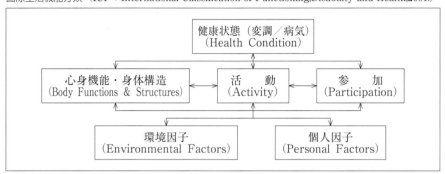

　そして、二次的レベルとして個人的側面の障害とする「能力障害（低下）（disability）」がある。これは、先述の足の機能・形態障害のために、歩く、移動する、走るといった個人が生活を送るうえでの能力上の支障を意味し、機能・形態障害を起因に何かを行ううえでの困難を示している。WHOは、「人間として正常と見なされる方法や範囲で活動していく能力の（機能障害に起因する）何らかの制限や欠如」と定義している。この能力障害（低下）は、補助具などを用いることで障害を軽減する（能力を補う）ことができる。

　最後に、三次的レベルとして社会的側面からみた障害とする「社会的不利（handicap）」を示している。たとえば、先述の能力障害をおぎなうために車イスを活用しても、外出時の物理的不利益等、環境（人的・物理的・社会的等）の側に障壁があるために被る不利益が生じる。このような環境により「その個人に生じた不利益であり、その個人にとって（年齢、性別、社会文化的因子からみて）正常な役割を果たすことが制限されたり、妨げられたりすること」を「社会的不利（handicap）」として障害のひとつに定義した。したがって、環境の側がつくる（与える）障害（不利益）という意味で、「社会的不利（handicap）」には「環境」から矢印がきている（図7-1上）。

　以上3つのレベルでとらえることのできる客観的障害に加え、主観的障害として「体験としての障害」という概念も分類化できると上田敏は指摘して

いる。それは、「実存の次元においてとらえられた障害」でもあり、「『生活』の客観的な次元と表裏一体をなす実存としての生活体験に対応するもの」で、自己の生についての意味づけにも影響を及ぼす、と説明している[3]。

(2)　国際生活機能分類

　「国際障害分類」が、障害を当事者のみの問題ではなく年齢、性別、社会文化的因子からみて正常な役割を果たすことの制限や妨げといった、周囲の人間や制度・物理的心理的環境などから被る不利益という現象も含む考え方として提示したことは、世界の障害観や障害児・者福祉政策などへ多大な影響を与えた。しかし、「国際障害分類」では、環境の位置づけの不明確さ、機能・形態障害（impairments）や能力障害（disabilities）、社会的不利（handicaps）が因果関係的にみられてしまいやすい。各障害は一方向ではなく環境との双方向により影響し合うことなどの指摘から、2001年5月22日の第54回世界保健会議（WHO総会）にて、「国際障害分類」は「国際生活機能分類（ICF：International Classification of Functioning, Disability and Health）」へ改訂された（図7－1下）。

　「国際生活機能分類」は、障害の現象を同様に3つの次元で示しつつも、機能・形態障害を「心身機能・身体構造（body functions and structures）」に、能力障害を「活動（activity）」に、社会的不利を「参加（participation）」に、概念を肯定的な表現に直した。そして、障害は最初から存在するものではなく、またその人自身が障害でもない。生活機能（心身機能・身体構造、活動、参加のすべてを含む包括的用語）の各々に制限・困難や問題が生じた（感じた）状態や現象が障害（機能障害〈構造障害を含む〉、活動制限、参加制約のすべてを含む包括的用語）であるとしてとらえ直した。さらに、それには各々の背景因子である「環境因子」に加え「個人因子」も相互に関連し影響し合うという観点から、人間と環境との「相互作用モデル」で概念化した。つまり、人の生活機能と障害は、健康状態（病気、変調、傷害、ケガなど）と背景因子とのダイナミックな相互作用[4]によるものであり、その過程で制限などを被り生活のしづらさを抱えた状態を障害とする考え方といえる。これが「国際障害分類」において障害の構造を因果関係的にとらえがちな点との大きな相違点である。

　WHOからの障害の構造と概念の提示により、障害は個人やその家族のみの問題ではなく、環境（人的・物理的・社会的など）とのかかわりによるものとの視点が一層明確化され、障害観の転換を図るうえで示唆的となった。同じ障害であっても国や文化・社会的状況によって制限や現象も異なり、生

活上の支障や生活のしづらさも変容することを考慮すると、障害を「個人と
それを取り巻く環境とのかかわりのなかで生じる問題」ととらえることの方
が建設的かつ弾力的な障害観の確立につながっていくことになるのであろう。

3．日本における障害のある人の定義

わが国の障害、障害のある人に関する定義は、「身体障害、知的障害、精
神障害（発達障害を含む。）その他の心身の機能の障害（以下「障害」と総称
する。）がある者であって、障害及び社会的障壁により継続的に日常生活又
は社会生活に相当な制限を受ける状態にあるものをいう」（障害者基本法第
2条第1号）と規定している。さらに、社会的障壁とは、「障害がある者に
とつて日常生活又は社会生活を営む上で障壁となるような社会における事物、
制度、慣行、観念その他一切のものをいう」（同条第2号）と定義している。
この定義を受け、各法において障害が個々に規定されていく（表7－3）。
各障害の定義は表の通りであるが、留意すべきことは、「知的障害者」の定
義は知的障害者福祉法になされていない点である。その理由は表7－3の通
りであり、重要な点は発達期にこの状態があらわれているか、加えて知能指
数、適応スキルなどを加味した総体的な視点で判定を行うことである。
18歳未満の障害のある子どもについては、障害種別にかかわらず、子ども
の特性や療育などの観点から鑑み、児童福祉法に規定した福祉サービスを原
則に展開している（一部、障害者総合支援法のサービスを利用可能）[*3]。
「身体障害」「知的障害」「精神障害」の各障害ごとに手帳制度を設けてお
り、各自治体への申請により都道府県知事（または政令指定都市長）より交
付される（表7－4）。なお、発達障害については、手帳制度が設けられて
いないため、知的障害の手帳等で対応している。

＊3　本章p.115参照。

3　障害のある人の福祉サービスと施策

1．障害のある人に関連する福祉法体系

わが国では、障害のある18歳以上の者を「障害者」、18歳未満の子どもを
「障害児」と規定している（表7－3参照）。
障害のある人の福祉は、障害者基本法を上位法に、身体障害者福祉法、知

表7-3　日本の障害のある人の定義

区　分	定　義
身体障害者 （身体障害者福祉法第4条）	「身体障害者」とは、別表に掲げる身体上の障害がある18歳以上の者であって、都道府県知事から身体障害者手帳の交付を受けたものをいう。 ＊別表とは、「身体障害者障害程度等級表」（1～7級）をいい、視覚障害、聴覚又は平衡機能障害、音声機能・言語機能又はそしゃく機能障害、肢体不自由、心臓機能障害、腎臓機能障害、呼吸器機能障害、膀胱又は直腸機能障害、小腸機能障害、ヒト免疫不全ウイルスによる免疫機能障害、肝臓機能障害の障害種が規定されている。
知的障害者	知的障害者福祉法において知的障害者は定義されていない。明確な知的障害の判定方法・判定基準が確立されていないため。また、社会通念上によるものとの判断がある。 ＊「知的障害児（者）基礎調査」（厚生労働省）では、知的障害を「知的機能の発達期（概ね18歳まで）にあらわれ、日常生活に支障が生じているため、何らかの特別の援助を必要とする状態にあるもの」と定義し、「知的機能の障害、日常生活能力」の判断基準に該当するものとしている。
精神障害者 （精神保健及び精神障害者福祉に関する法律第5条）	この法律で「精神障害者」とは、統合失調症、精神作用物質による急性中毒又はその依存症、知的障害、精神病質その他の精神疾患を有する者をいう。 ＊なお、知的障害者が定義に含まれているのは、精神医療についてのことであり、精神障害者社会復帰施設等の福祉サービスの利用については、知的障害者は制限される。
発達障害者 （発達障害者支援法第2条①②）	発達障害とは、自閉症、アスペルガー症候群その他の広汎性発達障害、学習障害、注意欠陥多動性障害その他これに類する脳機能の障害であってその症状が通常低年齢において発現するもの（言語の障害、協調運動の障害、その他の心理的発達の障害、行動および情緒の障害等）をいう。 ・発達障害者　発達障害を有するために日常生活または社会生活に制限を受けるもの ・発達障害児　発達障害者のうち18歳未満のものをいう
障害児 （児童福祉法第4条②）	障害児とは、身体に障害のある児童、知的障害のある児童又は精神に障害のある児童（発達障害児を含む）、治療方法が確立していない疾病その他の特殊の疾病により、障害がある児童（難病児）をいう。

著者作成

表7-4　障害ごとの手帳制度

種　別	手帳名称	法的根拠
身体障害者	身体障害者手帳	身体障害者福祉法第15条
知的障害者	療育手帳*等	療育手帳制度について
精神障害者	精神障害者保健福祉手帳*	精神保健及び精神障害者福祉に関する法律第45条

＊「療育手帳」および「精神障害者保健福祉手帳」は、原則として2年ごとの再判定。
著者作成

的障害者福祉法、精神保健及び精神障害者福祉に関する法律、発達障害者支援法を定義法としている。障害福祉サービスについては、一元化して提供するための「障害者の日常生活及び社会生活を総合的に支援するための法律」（以下「障害者総合支援法」）、そのほかの関連諸法で運用している。

障害のある子どもの生活を支える法律には、児童福祉法を基本に、保健医療領域では母子保健法、教育領域では学校教育法、特別支援学校への就学奨励に関する法律などがある。雇用・就業領域では、障害者の雇用の促進等に関する法律、職業能力開発促進法、職業安定法、雇用対策法、雇用保険法、労働基準法などがある。所得保障領域では、公的年金各法、特別児童扶養手当等の支給に関する法律、生活保護法などがある。

そのほかには、身体障害者補助犬法、税制各法、道路交通法、アクセシビリティやコミュニケーション、バリアフリー等関連法、福祉用具の研究開発及び普及の促進に関する法律、公営住宅利用等に関する法律、生活福祉資金の貸付けに関する法律、選挙に関する法律、身体障害者旅客運賃割引規則に関する法律などがある。

さらに、障害のある人の尊厳や権利の視点から、「障害者虐待の防止、障害者の養護者に対する支援等に関する法律」「障害を理由とする差別の解消の推進に関する法律」により当事者の権利利益を擁護している。

2．障害のある子どもの福祉サービス

障害のある子どもの健全なる育成と生活を保障するために、児童福祉法を中心に母子保健施策などとの連携により展開している。主なサービスには、障害の予防施策・早期発見・早期療育・医療等の施策、在宅福祉サービス、各種障害状況に応じた施設福祉サービスがある。福祉サービスに関する利用者負担は、原則として応能負担である。

(1) 予防・早期療育等の施策

① 療 育[*4]

児童福祉法の規定に基づき、保健所長は疾病や身体に障害のある子どもなどの診査を行い、または相談に応じ、必要な療育の指導などを行う。主に保健所や児童相談所および民間団体などが、障害のある子どもおよびその保護者に対して、早期対応により適切な治療上の指導を行い、障害の治療または軽減を図るとともに、適切な福祉の措置を講ずることを目的として療育指導が実施されている。具体的には、①整形外科医や病院等の医療機関への受診の指導、②身体障害者手帳交付申請の指導、③育成医療の給付制度の説明と申請指導、④補装具等の交付または修理の申請指導、⑤障害児入所施設（医療型）等への入所が必要な子どもに対して児童相談所での相談・指導、などが挙げられる。

＊4 「療育」とは、一般に「治療」と「教育」を合わせた言葉の短縮形といわれるが、高松鶴吉は、療育とは「心身に障害をもつ子どもに対して医療、訓練、教育などの現代の科学を総動員して障害をできるだけ克服し、その児童が持つ発達能力をできるだけ有効に育て上げ、自立に向かって育成することである」と述べている（高松鶴吉『療育とはなにか』ぶどう社　1990年 p.109）。

② 療育訓練

　障害のある子どもの日常生活能力と生活の質の向上をめざすために、児童発達支援センターなどの通所施設において早期から適切な療育訓練を受けることのできる場が提供されている。

③ 自立支援医療（育成医療）

　身体に障害のある子どもを対象に、早期治療を目的として生活能力を得るために必要な医療の給付を行うのが従来の育成医療である。2006（平成18）年度の障害者自立支援法施行以降、障害者総合支援法においても自立支援医療として給付されている。これは、治療が主目的であり、治療期間が比較的短期間で、厚生労働大臣または都道府県知事の指定医療機関で行われる。

(2) 在宅福祉サービス

　障害のある子どもに対する在宅福祉サービスには、ホームヘルプ、ショートステイ、デイサービス、相談支援などがあり、実施主体は市町村である。

① 居宅介護（ホームヘルプ）

　障害のある子どもの家庭における育成環境の向上を図るために、その家庭に対し、訪問介護員（ホームヘルパー）を派遣し、食事・排泄・入浴・通院・入院などの介助、外出時の付き添い、日常生活を送るうえで適切な家事・介護などを提供するサービスである。

② 短期入所（ショートステイ）

　保護者の疾病や事故、出産、そのほかの事由により当該家庭において一定期間、障害のある子どもの介護・養育が困難となった場合に、一時的（短期）に当該児童を障害児入所施設などに入所させることができる。最近は、レスパイト・サービスとしての利用も増えている。

③ 同行援護

　視覚障害のある子ども等が外出する際に同行し、指導に必要な援護等の支援を行うサービスである。

④ 行動援護

　知的障害または精神障害のある子どもが行動するときに、危険を回避するために必要な支援や、外出支援などを行うサービスである。

⑤ 重度障害者等包括支援

　居宅介護（ホームヘルプ）等複数の障害福祉サービスを包括的に行うサービスである。

⑥ 障害児相談支援

　主に次の2つの援助を意味する。

*5 補装具の種類としては、義肢、装具、義眼、補聴器、車いす（電動含む）、歩行器などがある。

*6 日常生活用具は、①安全かつ容易に使用できるもので、実用性が認められているもの、②日常生活上の困難を改善し、自立を支援し社会参加を促進するもの、③製作・改良・開発にあたって障害に関する専門的な知識・技術を要するもので日常生活品として一般的に普及していないもの、以上の要件をすべて満たすものと定義している。この定義に従い、①介護・訓練支援用具（特殊寝台、特殊マット等）、②自立生活支援用具（入浴補助用具、聴覚障害者用屋内信号装置等）、③在宅療養等支援用具（電気式たん吸引器、盲人用体温計等）、④情報・意思疎通支援用具（点字器、人工喉頭等）、⑤排泄管理支援用具（ストマ装具等）、⑥居住生活動作補助用具（住宅改修費）の6種類の実用性のある用具がその範囲として挙げられている。

・障害児支援利用援助：障害のある子どもの心身の状況やその環境、保護者の意向などを勘案し、利用する障害児通所支援の内容や種類、計画などを作成したり、連絡調整すること。

・継続障害児支援利用援助：その保護者が継続して障害児通所支援を利用できるように利用状況の検証や見直しなどを行うこと。

⑦　補装具*5・日常生活用具*6の給付

補装具とは、身体の状況、生活環境などを考慮し、身体の失われた部位や障害のある部位に装着して身体機能を補完または代償し、長期間にわたる継続した使用で日常生活を支える用具をいう。身体に障害のある者または療育の指導を受けている子どもに対して、交付または修理する。

補装具のほかに、在宅の重度の障害のある児・者の日常生活を容易にするとともに、当該児童への早期療育に資するために、日常生活に必要な用具や設備などを障害の状態に応じて給付・貸与する日常生活用具給付がある。

⑧　医療的ケア児及びその家族に対する支援に関する法律

本法は、医療技術の進歩に伴い医療的ケアを必要とする児童の増加及び心身の状況等に応じた適切な支援の提供、健やかな成長を図り保護者の離職防止と安心して子どもを生み育てることができる社会の実現に寄与することを目的としている。

その法的根拠は、児童福祉法第56条の6第2項「地方公共団体は、人工呼吸器を装着している障害児その他の日常生活を営むために医療を要する状態にある障害児が、その心身の状況に応じた適切な保健、医療、福祉その他の各関連分野の支援を受けられるよう、保健、医療、福祉その他の各関連分野の支援を行う機関との連絡調整を行うための体制の整備に関し、必要な措置を講ずる」努力義務を定めた規定である。

医療的ケア児とは、18歳未満の児童のうち、日常生活及び社会生活を営むために恒常的に医療的ケア（人工呼吸器による呼吸管理、喀痰吸引等の医療行為）を受けることが不可欠である児童（18歳以上の高校生等を含む）を指す。

本法の基本理念には、医療的ケア児に対する①日常生活・社会生活を社会全体で支援、②切れ目なく行われる支援、③医療的ケア児でない児童等と共に教育を受けられるように最大限に配慮した適切な教育に係る支援等、④医療的ケア児からの回復後への支援、⑤当該児童と保護者の意思を最大限に尊重した施策、⑥居住地域に関係無く等しく適切な支援を受けられる施策、等が挙げられる。具体的な支援の例は以下の通りである。

○国・地方公共団体による措置
　・医療的ケア児が在籍する保育所、学校等に対する支援
　・医療的ケア児及び家族の日常生活における支援
　・相談体制の整備、情報の共有の促進
　・広報啓発、支援者等人材確保、研究開発等の推進
○保育所の設置者、学校の設置者等による措置
　・保育所及び学校における医療的ケアその他の支援：保育士、看護師等の配置
○医療的ケア児支援センターの指定
　・医療的ケア児及びその家族の相談、情報提供、助言その他の支援
　・医療、保健、福祉、教育、労働等関係機関等への情報提供、研修の実施等

（3）　施設福祉サービス

①　障害児通所支援（第2種社会福祉事業）

主に次の4つのサービスを意味する。

・児童発達支援：児童発達支援センターなどに通わせ、日常生活上の基本的動作の指導や知識技能の付与、集団生活への適応訓練などを提供する。なお、これまでは支援の内容により、「福祉型」「医療型」に分かれており、肢体不自由や重症心身障害のある子どもは「医療型発達支援センター」や指定医療機関などに通い、各支援や治療を受けるという体制であった。しかし、障害種別にかかわらず、身近な地域で必要な発達支援を受けられるようにするという障害児通所支援の理念をさらに進めるため、「福祉型」と「医療型」に区別せずに一元化する方向とし、全ての児童発達支援事業所において肢体不自由児以外も含めた障害児全般に対する支援を行うこととなった（2024（令和6）年4月施行）。

・放課後等デイサービス：就学している障害のある子どもが、授業終了後や休日に児童発達支援センターなどに通い、生活能力の向上や社会との交流などのサービスを受ける。

・保育所等訪問支援：保育所などに通う障害のある子どもに対して、当該施設を訪問し、専門的な支援そのほかの便宜を供与する。

・居宅訪問型児童発達支援：重症心身障害児（重度の知的障害および重度の肢体不自由が重複している子ども）で、障害児通所支援を受けるための外出が困難な場合、その子どもの居宅を訪問して、ADL（日常生活動作）の指導や知識技能の付与等への支援を行う。

②　障害児入所施設（第1種社会福祉事業）

障害児の入所により、次の支援を行うことを目的とした施設である。

・福祉型障害児入所施設：保護、日常生活指導、自活に必要な知識・技能を付与する。

・医療型障害児入所施設：上記の支援に加え、治療を施す。

　このように児童福祉施設（児童福祉法第7条）に規定されている障害児の施設には、通所の児童発達支援センターと、入所して支援を受ける障害児入所施設があり、障害児入所施設は医療の提供（医療法上の病院の指定）の有無により「福祉型」「医療型」の2つに分けられる。

　原則として、障害児施設の利用対象者は18歳未満であるが、身体的事由や援助の観点、また次の利用（入所）先が未決定などの場合は、特例として18歳以上の者の利用も認められている。なお、障害児が利用する施設は、基本的に「契約」制度であり、利用料は原則応能負担となっている。

3．障害者総合支援法に規定される障害のある人の施設

　障害者の施設には、身体障害者社会参加支援施設（身体障害者福祉法）として「身体障害者福祉センター、補装具製作施設、盲導犬訓練施設、視聴覚障害者情報提供施設」がある。これ以外は障害者総合支援法における「自立支援給付」に規定する「介護給付」「訓練等給付」として、三障害の区別なく利用できるよう一元化している。更生施設・授産施設という概念から、障害福祉サービスを提供する事業体という形態へと移行し、日中活動と夜間の居住サービスとの区別を明確化した支援体系である。なお、障害者支援施設とは、施設での「入所支援（夜間）」と「障害福祉サービス」（生活介護、就労支援など、表7－5参照）を併せて提供する機関（事業体）のことをいう。利用料は、利用者の応能負担を原則としている。

4．障害福祉サービスと提供システム

＊7　第4章p.69を参照。

　障害者福祉サービスの利用制度は、「措置制度（行政処分）」[7]から、利用者の主体性を尊重し、利用者とサービス提供者との対等な関係の確立をめざした「支援費制度」となり、2003（平成15）年度からスタートした。

　さらに、2004（平成16）年の「今後の障害保健福祉施策について」を基底とする改革によって、2006（同18）年度から「障害者自立支援法」が施行された。この法律は「支援費制度」に替わり、障害福祉サービス提供システムの基盤として実施するものであった。しかし、2013（同25）年4月に「障害者総合支援法」へと改正・施行され、障害者の範囲に難病等を加えられた。また、ケアホーム（共同生活介護）をグループホーム（共同生活援助）に一元化した。障害福祉サービス体系・内容は表7－5の通りである。

表7-5　介護給付・訓練等給付による障害福祉サービス（例）

サービス類型			内　容
介護給付費の支給対象となる障害福祉サービス	居宅介護 （ホームヘルプ）		自宅での入浴、排せつ、食事の介護等 <対象>障害者等
	重度訪問介護		自宅や医療機関での入浴、排せつ、食事の介護のほか、外出の際の移動中の介護等を総合的に支援 <対象>重度の肢体不自由者で常時介護を要する者、重度の知的障害者・精神障害者
	同行援護		外出時に同行し、移動に必要な情報の提供（代筆・代読も含む）、移動の援護等の支援 <対象>視覚障害により移動に著しい困難を有する障害者等
	行動援護		行動する際に生じる危険を回避するために必要な援護、外出時の移動中の支援 <対象>知的障害又は精神障害により、行動上著しい困難を有する障害者等
	療養介護		主として日中の病院等での機能訓練、療養上の管理、看護、医学的管理のもとでの介護や日常生活上の支援（療養介護のうち医療に係るものは療養介護医療として提供） <対象>医療を要し、常時介護を要する障害者
	生活介護		主として日中の障害者支援施設等での入浴、排せつ、食事の介護等、創作的活動や生産活動の機会の提供等の支援 <対象>常時介護を要する障害者
	短期入所 （ショートステイ）		介護者が病気の場合等の短期間、夜間も含めて障害者支援施設等での入浴、排せつ、食事の介護等の支援 <対象>障害者等
	重度障害者等 包括支援		居宅介護をはじめとする複数の障害福祉サービスの包括的な提供 <対象>常時介護を要し、その介護の必要の程度が著しく高い障害者等
	施設入所支援		夜間や休日等の入浴、排せつ、食事の介護等の支援 <対象>施設に入所する障害者
訓練等給付費の支給対象となる障害福祉サービス	自立訓練	機能訓練	障害者支援施設や自宅等での、一定期間の身体的リハビリテーション、生活に関する相談・助言等、必要な支援 <対象>地域生活を営むうえで、身体機能等の維持・向上等のために一定の支援を要する身体障害者（病院等を退院／特別支援学校を卒業した者）
		生活訓練	障害者支援施設や自宅等での、一定期間の自立した日常生活に必要な訓練、生活等に関する相談・助言等、必要な支援 <対象>地域生活を営むうえで、生活能力の維持・向上等のため、一定の支援を要する知的障害者・精神障害者（病院等を退院／特別支援学校を卒業した者）
	就労移行支援		一定期間の職場実習等を通じた、就労に必要な知識や能力の向上等に必要な支援 <対象>一般就労を希望し、一般の事業所に雇用可能と見込まれる障害者（65歳未満）
	就労定着支援		就労に伴う生活面等の課題に対応した、一定期間にわたる事業所・家庭との連絡調整や助言等の支援 <対象>一般就労へ移行した障害者のうち生活面での課題が生じている者
	就労継続支援	A型 （雇用型）	雇用契約に基づく就労機会の提供、一般就労に必要な知識・能力の向上等に必要な支援 <対象>一般企業等への就職が困難だが雇用契約に基づいて継続的に就労可能な障害者（65歳未満）
		B型 （非雇用型）	一定の賃金水準のもとでの就労や生産活動等の機会の提供、知識・能力の向上等に必要な支援 <対象>就労移行支援等を利用したが一般企業等への雇用に結びつかない障害者、一定年齢に達しており、就労の機会等を通じて生産活動にかかる能力等の向上・維持が期待される障害者（雇用契約は結ばない）
	共同生活援助 （グループホーム）		夜間や休日等の共同生活を営むべき住居での、入浴、排せつ、食事の介護その他の日常生活上の支援、相談その他の日常生活上の支援 <対象>地域で共同生活を営むのに支障のない障害者
	自立生活援助		ひとり暮らしへの移行を希望する知的・精神障害者等が地域生活を行えるようにするための、一定期間にわたる定期的な巡回訪問や助言、体調確認、日常生活の課題等への必要な支援 <対象>ひとり暮らしを希望する障害者

著者作成

サービス利用にあたっては、障害支援区分（6段階）の認定を受け、必要程度に応じたサービス利用となり、原則利用者の応能負担である。

また、65歳に至るまでの長期間、当該サービスを利用していた高齢障害者には、介護保険サービスの利用負担が軽減されるように両制度の柔軟な対応を図り、円滑な利用促進を行っている。

5．障害のある人の経済保障

(1) 障害基礎年金および障害厚生年金

障害のある人に対する所得保障には、障害基礎年金および障害厚生年金制度があり、当事者の経済的自立を図るうえで極めて重要な制度である。

被保険者期間中に発症した障害については、障害基礎年金または障害厚生年金が支給され、国民年金に加入する20歳以前に発症した障害についても障害基礎年金が支給されることとなっており、原則としてすべての20歳以上の障害のある人は年金を受給できる。

(2) 各種手当

障害のある人への経済的負担軽減とその福祉の増進を図ることを目的に、「特別児童扶養手当等の支給に関する法律」に規定する次の手当がある。

① 特別障害者手当

精神または身体に著しく重度の障害があり、日常生活において常時特別の介護を要する在宅の20歳以上の者に対して支給する。

② 特別児童扶養手当[8]

精神（知的）または身体に重度の障害のある20歳未満の子ども（障害等級1級および2級）を監護・養育する父または母、または養育者に支給する。

③ 障害児福祉手当

重度の障害のある子どもを抱える家庭の経済的負担を補助するために、精神または身体的に重度の障害があり、日常生活において常時特別の介護を要する在宅の20歳未満の子どもに対して支給する。

6．障害者施策の動向

(1) 障害者基本計画

ノーマライゼーションの理念に則り、障害者が暮らしやすい社会の実現に向けた国や地方公共団体の政策指針（5年ごと）であり、1982（昭和57）年

[8] 第5章p.88を参照。

「障害者対策に関する長期計画」、1993（平成5）年「障害者対策に関する新長期計画」、2002（同14）年「障害者基本計画」に引き続き、「障害者基本計画（第3次、2013（同25）年）」、「同計画（第4次、2018（同30）年）」を経て「同計画（第5次、2023（令和5）年）」から2027（同9）年までの5年間に講ずべき計画目標として引き続き取り組まれていく。

　現在、障害者の権利に関する条約（以下「障害者権利条約」）の批准、障害を理由とする差別の解消の推進に関する法律の施行、2021（令和3）年の東京パラリンピックの開催といった社会的背景を踏まえ、各分野の横断的な取り組みが展開されている*9。

＊9　本章p.108の表7-2参照。

（2）　障害を理由とする差別の解消の推進に関する法律（障害者差別解消法）の概要

　障害のある人の「生命の固有性・自由・平等・人権（権利）・尊厳の擁護、障害を理由とする差別の定義・合理的配慮*10、障害のある子どもへの保育・教育のあり方、障害のある人の社会参加と地域生活」をはじめ、当事者の権利性にかかわる条項を包括的に定めた障害者権利条約が、国連にて2006年12月採択、2008年5月発効した。日本は2014（平成26）年1月に同条約を批准したため、効力が生じることとなった。

　障害者権利条約は国際レベルでの共通基盤として、社会が障害のある人を地域社会へ完全にインクルージョン*11できるよう効果的な措置を講ずること、インクルーシブで質の高い保育・教育制度を確保し、ニーズに応じた合理的配慮を行い、完全なインクルーシブ・エデュケーションを目指すことを明確にした。また障害者差別の軽減に向けて「合理的配慮」という概念を示した。

　わが国では本条約の批准に従い国内法の改正・整備が行われ、「障害を理由とする差別の解消の推進に関する法律」（以下「障害者差別解消法」）を2016（同28）年4月1日から施行した。

　障害者差別解消法の位置づけは、障害者基本法第4条の「差別の禁止」の規定を具現化するものである。目的は、すべての障害者が、障害者でない者と等しく、基本的人権を享有する個人としてその尊厳が重んぜられ、その尊厳にふさわしい生活を保障される権利を有することを踏まえ、障害を理由とする差別の解消の推進に関する基本的な事項、行政機関等および事業者における障害を理由とする差別を解消するための措置等を定めることにある。そして、障害を理由とする差別の解消を推進し、すべての国民が、障害の有無によって分け隔てられることなく、相互に人格と個性を尊重し合いながら共生する社会の実現に資することとしている。つまり、行政機関等および事業

＊10　合理的配慮とは、障害児・者がすべての人権・自由を享有・行使するために確保された必要かつ適切な変更・調整であり、特定の場合において必要とされるもので、不釣り合いで過度な負担を課されないものである。

＊11　すべての障害のある人が他者と平等の選択の機会、個々の能力に応じた参加の機会といった、地域社会で生活する平等の権利を有することを認め、当事者がこれらの権利を享受でき、地域社会に完全に包容（インクルーシブ）され、参加することが容易となるような共生社会をめざすこと。

者が事業を行うとき、障害を理由に障害のある人に対し不当な差別的取り扱いをすることで当事者の権利利益を侵害してはならないものと定めている。

障害者差別を考えるうえでのポイントとなる合理的配慮については、行政機関等が事務または事業を行うとき、障害のある人から社会的障壁の除去を必要としている旨の意思の表明があった場合、その実施に伴う負担が加重でなければ障害のある人の権利利益を侵害することとならないよう、当該の者の性別、年齢および障害の状態に応じて社会的障壁の除去の実施について必要かつ合理的な配慮をしなければならない。なお、民間の事業者には、合理的配慮については努力義務としている。

同法に基づき、当該地方公共団体における各関係機関により構成された組織を障害者差別解消支援地域協議会という。この協議会は、障害を理由とする差別解消に向け、当事者の身近な地域において、関係機関が地域に即した差別解消への主体的取り組みへのネットワーク化を意図している。

(3) 障害者に対する虐待防止の動向

障害のある人に対する虐待は、長く社会問題として指摘されてきた。刑事事件となるケースも多く現れ、社会問題化するに至っている。障害のある人に対する虐待には、子ども虐待にみられる虐待類型に加え、経済的な搾取といった被害も顕在化している。障害のある人への虐待禁止と予防、早期発見、養護者への支援等を講じるために「障害者虐待の防止、障害者の養護者に対する支援等に関する法律」（以下「障害者虐待防止法」）を2012（平成24）年10月から施行した。障害者虐待防止法成立により、児童虐待、高齢者虐待の三虐待防止法が整うこととなった。

障害者虐待防止法における虐待の定義は、身体的虐待、性的虐待、心理的虐待、放置等による虐待、経済的虐待の5分類を規定している。また、障害者虐待においては虐待者および被虐待者が「無自覚」なために、長期化しているケースも多くみられるため、障害者虐待の判断等、対応についての「自覚」は問わずその解消に取り組むこととしている。

障害者虐待では、家庭内や家族による虐待だけでなく、障害者支援施設や職場の職員等からの虐待も範囲に含めている。障害者虐待は、虐待者と被虐待者だけが問題となるものではなく、社会的課題として社会全体で共有していくべき事象であるため、虐待発見者には市町村等への通報義務を課している。市町村には「市町村障害者虐待防止センター」を、都道府県には「都道府県障害者権利擁護センター」を設置し対応を図っている。

⑷　障害者の雇用促進

　障害者の雇用の促進等に関する法律（1960（昭和35）年制定）に基づき、障害者の雇用の安定および職業の機会の保証を目的に、雇用主等に雇用における義務等を定め、障害者の経済活動を確保するために取り組んでいる。

　本法には「法定雇用率」「調整金・助成金」「納付金」等が規定されている。法定雇用率とは、雇用義務のある（45.5人以上雇用者のある）企業等が、雇用しなければならない障害のある人の割合（人数）を指す。法定雇用率は、2026（令和8）年に向けて段階的に引き上げ、民間企業2.7%、国・地方自治体3.0%、教育委員会2.9%へと改定していく計画である。法定雇用率未達の事業体（主）には、不足人数分、一人につき月額5万円の納付金の負担を求められる。

　なお、法定雇用率を達成した事業体（主）には、調整金として一人につき月額2万7,000円の支給がある。その他、障害者を雇い入れるために必要な設備等に対する助成金制度もある。

　障害者の社会参加の重要な要素となる経済活動への参加の機会を保障する一つの取り組みには、雇用を促進していくことが課題である。

⑸　障害者の文化芸術活動

　障害者が文化芸術を鑑賞し、参加し、創造できるように、その環境整備や支援を促進することを目的に、「障害者による文化芸術活動の推進に関する法律」が2018（平成30）年に施行された。

　具体的には、鑑賞施設等のバリアフリー化、情報の発信と保障、作品を発表する機会の確保、著作権の保護、作品の販売促進等に関する支援を目的としている。それらの支援により、障害者の余暇活動の充実をはじめ、文化芸術活動の充実と、社会参加の促進を図るものである。

4　障害のある人々の福祉と保育士

　ノーマライゼーションの理念のもと、障害のある人々が地域で当たり前に生活できるような取り組みとして、保育所などにおいて障害のある子どもと他の子どもが同じ場所・場面で保育・教育を受ける「インクルーシブ保育・教育」がある。

　障害のある子どもに対し、保育士や教員が早期に個々の状態を理解し、適

切な支援や対応ができたならば、その子どもの現在、その後に直面するであろう生活課題への改善が図られ、将来的に自らが生活課題に対処できる能力・方法の習得につながるという可能性が考えられる。障害のある子どもにとって重要な乳幼児期・児童期に適切な環境を整えることや、支援を早期に検討し提供していくことは、その後に起こる生活のしづらさや生活課題などの軽減、問題解決能力の発達につながることを認識すべきであろう。

　障害と一言でいってもその特性は多種多様であり、かつ同じ障害種別であっても子ども一人ひとりによって状態が異なることから、「個別性の原理」に基づいた対応も求められる。

　留意すべきは、障害のある人を治療して正常にする（「健常者」に近づける）という意味ではなく、一人ひとりのもてる能力を生かしながら、より生活しやすい方策を探求し、提供することへの保育士の視点である。その積み重ねがソーシャル・インクルージョンの実現への貴重な一歩となるのである。専門職として保育の知識に加え、障害福祉の専門的知識を備えておくことの重要性が理解できるであろう。

〈引用文献〉
　1）鈴木隆雄・峰山巌・三橋公平「北海道入江貝塚出土人骨にみられた異常四肢骨の古病理学的研究」『人類學雑誌』第92巻第2号　日本人類学会　1984年　pp.87－104
　2）花村春樹訳・著『「ノーマリゼーションの父」N.E.バンク－ミケルセン―その生涯と思想―［増補改訂版］』ミネルヴァ書房　1998年　pp.166－167
　3）上田敏『リハビリテーションを考える―障害者の全人的復権―』青木書店　1983年　p.88
　4）障害者福祉研究会編『ICF国際生活機能分類―国際障害分類改訂版―』中央法規出版　2002年　p.8

〈参考文献〉
　上田敏『リハビリテーションを考える―障害者の全人的復権―』青木書店　1983年
　総理府編『障害者白書（平成7年版）』大蔵省印刷局　1995年
　相澤譲治・橋本好市・津田耕一編『障害者福祉論―障害者ソーシャルワークと障害者総合支援法―』みらい　2021年
　内閣府編『障害者白書（令和4年版）』勝美印刷　2022年
　保育福祉小六法編集委員会編『保育福祉小六法』みらい　2023年

コラム　未来の保育専門職となるあなたの回答は？

　内閣府政府が5年に1度実施する「障害者に関する世論調査」について、2022（令和4）年度実施の調査結果から興味深い項目についてみていきたい。

　本調査は、全国18歳以上の日本国籍を有する者3,000人を調査対象（有効回収数1,765人：有効回収率58.8%）に、2022（令和4）年11月10日～12月18日の期間にて郵送法で実施した調査である。

　調査目的は、「障害及び障害者に関する国民の意識を把握し、今後の施策の参考とする」ことにあり、主たる調査項目は、①障害者と共生社会について、②障害者との交流について、③障害者関連施策について、の枠組みで組み立てられている。調査結果は以下の通りである。

・障害者が、社会参加及び働く（働き続けることができる）ために、必要な支援やサービスに対して、不十分さを感じていること。
・障害者に対する社会の障壁には周囲の理解不足が依然大きい。

など今後も、障害者の社会参加に向けた環境整備が引き続き必要であることが見えてきた。

　特に、以下の項目について、保育者を目指す私たちには考えさせられる結果となっている。

　問8「障害を理由とする差別や偏見があると思うか」という質問には、「あると思う（88.5%）」という結果であった。加えて問9「差別や偏見は改善されたと思うか」との項目では、「改善されていないと思う（40.4%）」という結果であった。社会におけるそのような実態を多くの者が未だ感じているにもかかわらず改善がなされているとは言い難い状況であることがわかる。

　問10「障害者権利条約（障害者の権利に関する条約）を知っているか」に対しては、「知らない（73.7%）」であり、問11「障害者差別解消法（障害を理由とする差別の解消の推進に関する法律）を知っているか」についても「知らない（74.6%）」という結果であった。さらに、問14「障害者白書を読んだことはあるか」では「ない（91.2%）」という結果であった。このことは、児童福祉法に明記されている専門職である私たちにも自問できることであり、「知っている」「読んだことがある」側なのか、その反対側なのか…私たちはどちら側に位置するのであろうかと。

　最後に、問19「『しょうがい』の表記について、どれがふさわしいか」という質問について、「障害（29.5%）」「障碍（3.0%）」「障がい（39.8%）」「どれでもよい（26.1%）」という分散した結果となっている。私たちは、このいずれかの表記を使用する時、これが当事者の生活改善に向けて良い結果（利益）をもたらしているのか、自己満足な主張に終始していないか、果たして明確な根拠はあるのか、単なる言葉遊びに終わっていないか、といった多角的観点から適した表記のあり方を熟考していきたい。

〈参考文献〉
内閣府政府広報室「障害者に関する世論調査（令和4年11月調査）」概略版　2023年
https://survey.gov-online.go.jp/r04/r04-shougai/index.html

第8章

高齢者の福祉

キーポイント

高齢者の福祉を学ぶ際には、以下のポイントに配慮しつつ学んでほしい。

① 全体性…高齢者という領域からどのような社会がみえてくるだろうか。高齢者福祉という問題を取り上げる際に、その社会を生きる人々はどのような姿であらわれるだろうか。

② 個別性…高齢者福祉という問題性のなかの固有な問題とはなんだろうか。法律や制度はどのようにして成立し、施設やサービスはどのように運営実施されているのだろうか。

③ 関連性…高齢者福祉という問題を取り上げる際に、他の領域とはどのような関連があるだろうか。高齢者に関する医療や心理、教育等はどのように取り上げられているだろうか。

④ 対人援助…高齢者福祉において援助するということは、どのようなことであろうか。その専門的な技術はどのようなものか。ケアやサービスというかかわりはどういうことなのだろうか。

これらのポイントは相互に関係しつつ、それぞれの問題性をあらわしている。高齢者の問題に直面した際には、どのようなポイントからアプローチできるのか、また、それぞれのポイントがどう関連しているのかを考察しつつ学んでほしい。

1　高齢社会とは

　近年話題になっている高齢者問題には、介護保険をはじめとしたさまざまな制度や政策のみならず、介護サービスの問題やひとり暮らしの高齢者の孤独死や自殺といった新聞等の報道をにぎわすようなものも多い。こうした問題は、同情や話題性だけで取り上げるのではなく、きちんとその背景や内容を整理する必要がある。そのうえで、どのような問題性が隠れているのかを発見し、関心を向けて取り組む必要があるだろう。

　ここで確認しなければならないことは、高齢者または高齢化社会もしくは

高齢社会という名称の定義である。まず高齢者とは、一般的には65歳以上の者を指す。そのなかでも、65歳以上74歳以下を前期高齢者、75歳以上を後期高齢者という。

　65歳以上の者を高齢者ということを踏まえて、高齢化社会、または高齢社会という用語は定義されている。WHO（世界保健機関）によれば、全人口に占める65歳以上人口の割合が、7％を超えた社会を高齢化社会、14％を超えた社会を高齢社会、21％を超えた社会を超高齢社会という。ただし、高齢社会という言い方については、人口の割合にかかわらず、高齢化がピークに達した社会をそうよぶこともあり、いくつかの見解がある。

　この高齢化という現象は、全人口に対する高齢者の割合だけが増加するというだけではなく、少子化という問題と相関関係をもってあらわれる。少子化と高齢化が同時に進行する社会を、「少子・高齢社会」といい、少子・高齢社会の進展は、人口の高齢化の進展をあらわしている。

　日本は、現在なお高齢化が進展している。歴史的にみれば、1970（昭和45）年に65歳以上の老年人口が全人口の7％を占めるという高齢化社会に突入し、現在も老年人口比率は上昇しつつある。1994（平成6）年には14％を超え高齢社会へと突入し、2013（同25）年は25.0％となり、4人に1人が高齢者という超高齢社会を迎えた。さらに2030（令和12）年には、65歳以上の高齢者が全人口の30％を超えると推計されている*1。

*1　高齢化の推移については、第1章p.16も参照。

　こうした急激な高齢化は、ほかの先進諸国と比べても類をみないもので、日本は極めて短期間に高齢社会に対応するための各種制度、政策やサービスを整えなければならないのである。また、とりわけ後期高齢者人口の増加は、寝たきり高齢者や認知症高齢者等の要介護高齢者の増加という問題も引き起こしている。

2　高齢者の生活問題と福祉ニーズ

1．高齢者の生活問題

　現在、高齢者を取り巻く社会環境が急激に変化しているが、ここで高齢者の生活問題や関連する福祉ニーズを整理してみたい。

　高齢者の生活問題は、健康状態はもちろんのこと、生活形態や生計、生きがいといった問題が複雑にからみ合っている。健康の問題としては、「寝た

＊2　認知症
病気など、さまざまな原因によって脳の神経細胞が壊れるために起こる症状や状態で、認知症が進行すると理解力や判断力がなくなって、社会生活や日常生活に支障が出てくるようになる。

きり」や「認知症」＊2といった社会的な問題として取り上げられたものだけではなく、高齢期に特有な身体的・精神的・心理的特徴も理解する必要があろう。たとえば、身体的特徴は、加齢に伴う機能の低下がある。もちろん疾患の有無や生活状況等により個人差はあるが、当然のことながら各機能の低下は、その一部分だけが低下し、他の影響を伴わないということはない。具体的には、聴力の衰えは、認知症の要因ともなるといった相互の関連性にも着目する必要がある。なお、かつては高齢期に特有な心理的理解として、頑固になる等の否定的な人格理解がなされていたが、これらは正しい理解とは必ずしもいえず、むしろそういった先入観に基づく理解だということができる。

また、生活形態の問題としては、人口構造の変化や都市部の住宅事情による核家族化の進展、さらには就業形態や年金制度によって所得がある程度保障されるとともに高齢者世帯が増加した。2022（令和4）年の調査では全世帯の31.2%を占めている。特に65歳以上の者のいる世帯のうち夫婦のみの世帯は1989（平成元）年に20.9%だったが、2022年には32.1%であり、単独世帯は1989年には14.8%だったが、2022年には31.8%となっている＊3。

＊3　厚生労働省「国民生活基礎調査」（2022年）による。

2．生活の視点からの問題理解

こうした問題は、それぞれを領域ごとに区別しながら理解することが必要であるとともに、生活という視点から理解する必要が求められている。この生活という視点は、数値化できる問題だけで成り立っているわけではなく、一人ひとりの価値観や実存といった問題も含んでいる。たとえば、ゴールドプラン21＊4にも「活力ある高齢者像」の構築がめざされ、「できる限り多くの高齢者が健康で生きがいをもって社会参加できるよう総合的に支援」することと述べられている。このことからも、生きがい対策が現在の高齢者施策の中心的な課題とされることが理解できる。

＊4　ゴールドプラン21
1994（平成6）年に策定された新ゴールドプランに代わって、2000（同12）年から2004（同16）年までの5か年計画として新たに策定された高齢者保健福祉施策のプラン。「活力ある高齢者像の構築」「高齢者の尊厳の確保と自立支援」「支え合う地域社会の形成」「利用者から信頼される介護サービスの確立」が基本的な目標として掲げられた。

こうした高齢者の生きがいへの支援は、ハード・ソフトの両面からきちんとした取り組みがなされる必要のあることは言うまでもない。そして、その取り組みは内容的な充実をも求められている。この内容的な充実ということが、何よりも肝心なことである。たとえば、介護という問題についても、介護サービスを提供するマンパワーを確保するという問題（ハードの問題）があるのと同時に、そのサービスを行う専門職の技術等の問題（ソフトの問題）もある。つまり、生きがいについても、ハードとソフトをどのように理解するのかということでもある。

生きがいをいかに理解していくかは、たとえば「高齢者＝弱者」といったような一律のイメージによって理解し、援助の手を差し伸べるというようなことではない。私たちと同じ社会に生きる自立した個人として尊重され、その個人への「一人ひとりへのかかわり」ということで理解しようということである。

なぜ「一人ひとり」なのか。この「一人ひとり」ということは、言うまでもなく高齢者を一人きりの孤立した状態にしてしまうことではない。高齢期はさまざまな喪失体験（配偶者や親しい友人との死別、定年などによる社会的地位の喪失など）をする。だからこそ失われてしまいがちな人と人とのかかわりをいかに豊かにしていくのかという視点で、生きがいをとらえる必要があるのだ。人と人とのかかわりを豊かにしていくという視点は、一人ひとりの自己実現ということへのアプローチでもあり、生きがいを見いだす源でもある。こうした視点が、生活問題や福祉ニーズに対するケアやサービスといった具体的なかかわりの基本的な視点のひとつになっているといえるだろう。

3　高齢者の福祉・保健サービス

1．戦後の高齢者福祉の動向

戦前の高齢者を対象とした公的な対策は、身寄りのない低所得の高齢者を対象とした救護法の養老院で、一般の高齢者の扶養は、家族制度を前提としたものであった。

しかし、戦後（1945（昭和20）年以降）になると、低所得の高齢者を対象とする救貧施策ではさまざまな高齢者のニーズに対応することが難しくなった。さらに1960年代には、人口の高齢化が認識され、家族制度の変革、高度経済成長に伴う若年層を中心とした人口の都市集中、核家族化、女性の社会進出、住宅事情などの要因が絡み、高齢者の問題は広がりをみせた。

そうした問題に対処するべく、国は表8－1のような老人福祉・老人医療政策を行った。

表8-1　介護保険制度創設前の老人福祉・老人医療政策の経緯

年　代	高齢化率	主な政策		
1960年代 老人福祉政策の始まり	5.7% (1960)	1962（昭和37）年	訪問介護（ホームヘルプサービス）事業の創設	
		1963（昭和38）年	老人福祉法制定 　　◇特別養護老人ホームの創設、訪問介護の法制化	
1970年代 老人医療費の増大	7.1% (1970)	1973（昭和48）年	老人医療費無料化	
		1978（昭和53）年	短期入所生活介護（ショートステイ）事業の創設	
		1979（昭和54）年	日帰り介護（デイサービス）事業の創設	
1980年代 社会的入院や寝たきり老人の社会的問題化	9.1% (1980)	1982（昭和57）年	老人保健法の制定 　　◇老人医療費の一定額負担の導入等	
		1987（昭和62）年	老人保健法改正（老人保健施設の創設）	
		1989（平成元）年	消費税の創設（3%） ゴールドプラン（高齢者保健福祉推進十か年戦略）の策定 　　◇施設の緊急整備と在宅福祉の推進	
1990年代 ゴールドプランの推進 介護保険制度の導入準備	12.0% (1990)	1990（平成2）年	福祉8法改正 　　◇福祉サービスの市町村への一元化、老人保健福祉計画	
		1992（平成4）年	老人保健法改正（老人訪問看護制度創設）	
		1994（平成6）年	厚生省に高齢者介護対策本部を設置（介護保険制度の検討） 新ゴールドプラン策定（整備目標を上方修正）	
		1996（平成8）年	介護保険制度創設に関する連立与党3党（自社さ）政策合意	
		1997（平成9）年	消費税の引上げ（3%→5%） 介護保険法成立	
2000年代 介護保険制度の実施	17.3% (2000)	2000（平成12）年	介護保険法施行 ゴールドプラン21策定	

出典　厚生労働省「平成28年版　厚生労働白書」2016年　p.97を一部改変

2．介護保険制度

(1)　介護保険制度の成立の背景

　高齢化の進展により、1960（昭和35）年には5.7%であった高齢化率は、1990（平成2）年には12.0%となり、要介護高齢者の増加、介護期間の長期化など、介護ニーズはますます増大した。一方で、核家族化の進行、介護する家族の高齢化など、要介護高齢者を支えてきた家族をめぐる状況も変化し、従来の老人福祉・老人医療制度による対応は限界に達していた。そうした背

景のもと、高齢者の介護を社会全体で支え合う仕組みとして介護保険制度が
創設され、1997（同9）年に介護保険法が成立した（2000（同12）年施行）。

(2)　介護保険制度とは

　介護保険制度は、社会保険方式によって増大する介護費用を広く社会全体
で支える仕組みであり、要介護（支援）状態になったときに介護サービスが
給付される制度である。自立支援（単に介護を要する高齢者の身の回りの世
話をするということを超えて、高齢者の自立を支援することを理念とする）、
利用者本位（利用者の選択により、多様な主体から保健医療サービス、福祉
サービスを総合的に受けられる制度）、社会保険方式（給付と負担の関係が
明確な社会保険方式を採用）の3つのことが基本的な考え方である[5]。

　介護保険制度においては、保険者を国民に身近な市町村とし、被保険者は
65歳以上の第1号被保険者と40歳から65歳未満の医療保険加入者からなる第
2号被保険者に分けられる。そのうえで、国、都道府県、医療保険者、年金
保険者が市町村を重層的に支え合うような制度になっている。なお、保険者
が市町村であるということは、介護サービスの地域性や地方分権の流れを踏
まえたものである。また、これらの被保険者の区別は単に年齢的な差異だけ
ではなく、保険料や保険給付の範囲についても差異がみられる。

　第1号被保険者の保険料はもっぱら自ら受ける介護サービスに対応したも
ので、この被保険者は一般に年金受給者でもあるため、市町村が年金からの
天引きにより徴収する（特別徴収）[6]。それに対して、第2号被保険者は、
自ら受ける介護サービスに対応するだけではなく、老親の介護の社会的支援
という性格ももつことから、全国一律に医療保険者が、医療保険料と一緒に
徴収している（図8-1）。

　保険給付についても、第1号被保険者は原因にかかわらず要支援、要介護
状態に当たる者に対して給付されるが、第2号被保険者は、初老期認知症等
の老化に起因する特定疾病（16種類[7]）によって要支援、要介護状態になっ
た者に対して給付される。なお、介護保険制度では、サービス利用料の9割
が支給され、1割が自己負担となる（一定以上の所得のある場合は2割負担。
特に所得の高い層は3割負担）。ちなみに若年障害者については、障害者の
福祉制度により介護サービスなどが提供される。

　このようにして、もっぱら高齢者の要支援、要介護状態にある被保険者に
対し保険給付が行われるが、要支援、要介護状態であるかどうかを確認する
ために、市町村に設置される介護認定審査会によって審査および判定が行わ
れ（要介護認定）、その結果に基づき市町村が要支援1〜2もしくは要介護

＊5　厚生労働省老健
局「介護保険制度の概
要」2021年より。

＊6　年金受給額が年
額18万円未満の人は、
直接市町村に収めるこ
ととなっている（普通
徴収）。

＊7　末期がんも該当
する。

図8−1　介護保険制度の仕組み

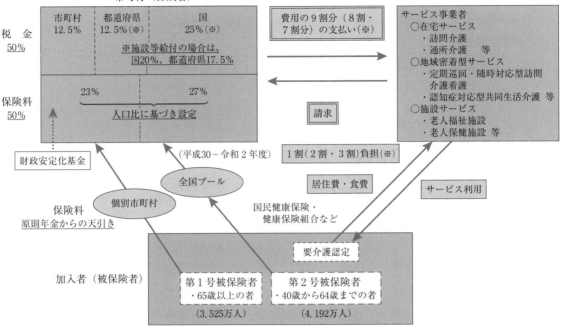

注　第1号被保険者の数は、「介護保険事業状況報告年報」によるものであり、平成30年度末現在の数である。第2号被保険者の数は、社会保険診療報酬支払基金が介護給付費納付金額を確定するための医療保険者からの報告によるものであり、平成30年度内の月平均値である。
（※）一定以上所得者については、費用の2割負担（平成27年8月施行）又は3割負担（平成30年8月施行）。
出典　厚生労働省老健局「介護保険制度の概要」2021年
　　　https://www.mhlw.go.jp/content/000801559.pdf

図8−2　要介護認定区分

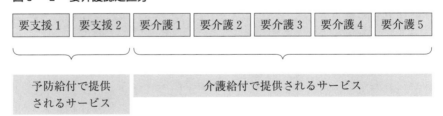

　1（軽度）〜5（最重度）の要介護認定を行う（図8−2）。要介護1以上の認定を受けた利用者は介護給付の対象とされるが、要介護状態ではないそれより軽い状態の改善可能性のある利用者は、要支援1〜2の区分となり予防給付等の対象者として、介護給付の対象とならないように生活機能の維持・向上により重点が置かれた介護予防サービスを受けることができる。それぞれが利用できるサービスは表8−2のようなものがある。
　介護保険制度は、利用者のサービス選択と利用を支援するものであり、そ

表 8 - 2　介護保険給付サービス

介護給付（要介護者対象）	予防給付（要支援者対象）
●居宅介護サービス 　　訪問介護 　　訪問入浴介護 　　訪問看護 　　訪問リハビリテーション 　　居宅療養管理指導 　　通所介護 　　通所リハビリテーション 　　短期入所生活介護 　　短期入所療養介護 　　特定施設入居者生活介護 　　福祉用具貸与 　　特定福祉用具販売	●介護予防サービス 　　介護予防訪問入浴介護 　　介護予防訪問看護 　　介護予防訪問リハビリテーション 　　介護予防居宅療養管理指導 　　介護予防通所リハビリテーション 　　介護予防短期入所生活介護 　　介護予防短期入所療養介護 　　介護予防特定施設入居者生活介護 　　介護予防福祉用具貸与 　　特定介護予防福祉用具販売
●地域密着型介護サービス 　　定期巡回・随時対応型訪問介護看護 　　夜間対応型訪問介護 　　地域密着型通所介護 　　認知症対応型通所介護 　　小規模多機能型居宅介護 　　認知症対応型共同生活介護（グループホーム） 　　地域密着型特定施設入居者生活介護 　　地域密着型介護老人福祉施設入所者生活介護 　　複合型サービス（看護小規模多機能型居宅介護）	●地域密着型介護予防サービス 　　介護予防認知症対応型通所介護 　　介護予防小規模多機能型居宅介護 　　介護予防認知症対応型共同生活介護（グループホーム）
●介護保険施設 　　介護老人福祉施設 　　介護老人保健施設 　　介護医療院 　　介護療養型医療施設※	
●居宅介護支援	●介護予防支援

※　医療と介護の役割を明確化する観点から、2011（平成23）年度で廃止される予定であったが転換が進まず（2012（同24）年以降、新設は認められていない）、何度かの移行期間延長を経て、2024（令和6）年3月に廃止予定。なお、移行の新たな受け皿として、2018（同30）年に介護医療院が新設された。

のための適切なサービスを提供するために、介護支援専門員（ケアマネジャー）が一人ひとりの状態や希望に応じて必要なサービスを組み合わせる「介護サービス計画」（ケアプラン）を策定する。これは「居宅介護支援」とよばれ、このサービスに限っては自己負担はない。なお、利用者自身がケアプランを策定し、自ら選択したサービスを利用することもできる。

3．地域包括ケアシステムの推進と自立支援

(1) 地域包括支援センター

　地域で暮らす高齢者とその家族を、介護だけではなく福祉、健康、医療などさまざまな分野から包括的に支援することを目的とし、包括的支援事業などを地域において一体的に実施する役割を担う中核的な機関である。前述の地域支援事業のほか、要支援認定を受けた者の介護予防マネジメントを行う介護予防支援事業を行っている（図8－3）。

　介護予防に対する取り組みが自主的・継続的に行われるために、地域における環境の整備、活動支援等を含めた様々な施策が連携することが求められる。そのためには地域のネットワークを構築しながら、高齢者が生き生きと活動できる地域づくり、まちづくりが行われることが重要である。その中で、高齢者ができる限り自立した生活を継続するために必要な支援を包括的に行う（＝地域包括ケア）ための中核的機関として地域包括支援センターが重要な役割を担っている。

　同センターは、市町村または市町村から委託を受けた法人が設置・運営主体となっており、原則として市町村に1か所以上設置することになっている

図8－3　地域包括支援センターの業務

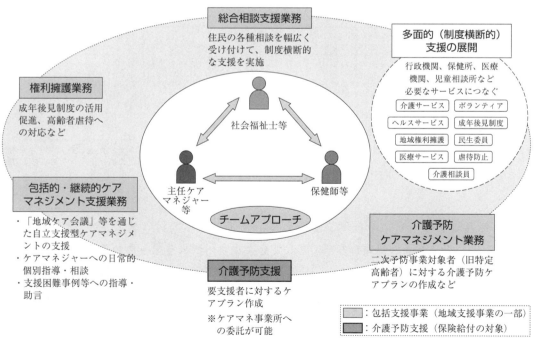

資料　厚生労働省ホームページ「地域包括支援センターについて」
　　　https://www.mhlw.go.jp/seisakunitsuite/bunya/hukushi_kaigo/kaigo_koureisha/chiiki-houkatsu/dl/link2.pdf

が、同センターが担当する地域を日常生活圏域（おおむね30分以内に必要なサービスが提供される地域、具体的には中学校区）としていることから、市町村によっては10か所以上配置している所もある（複数の市町村が共同で設置する場合もある）。各センターには保健師、社会福祉士、主任介護支援専門員の3職種の専門職が配置されている。

　近年の介護保険法の改正では、医療、介護、予防、生活支援、住まいの5つの要素をそれぞれ充実させるとともに、それらをネットワークとして一体的に提供するための「地域包括ケアシステム」の構築を推進するための見直しが行われており、そのネットワークの一端として地域包括支援センターの機能強化が図られている。

(2)　介護保険サービス以外の施設サービス

　介護保険制度では、基本的に要介護者でなければ施設入所はできないが、要介護状態でない高齢者でも、経済上の理由や家庭の事情などにおいて施設サービスが必要な人がいる。これらの人は、老人福祉法に規定されている養護老人ホームや軽費老人ホーム（ケアハウス）、有料老人ホームなどを利用することになる。

　養護老人ホームは環境上の理由および、経済的な理由により居宅での生活が困難な65歳以上の人を入所させ養護する施設で、入所に関しては措置により決定される。

　軽費老人ホーム（ケアハウス）は、60歳以上（60歳以上の配偶者とともに利用する者については60歳未満でも利用できる）を対象とし、自炊ができない程度の身体機能の低下や高齢などのため独立して生活するには不安が認められる者が、低額な料金で利用できる生活上の便宜を図る施設である。

4．後期高齢者医療制度

　後期高齢者（75歳以上）に対する医療は、後期高齢者医療制度により提供されており、同制度は高齢者の医療の確保に関する法律に基づき設けられたものである。同法は、2006（平成18）年の健康保険法等の一部改正による医療制度改革により老人保健法が改正されたものである。同改正により、老人保健法に基づき設けられ、医療給付や保険事業を担ってきていた老人保健制度が大きく変更され、後期高齢者医療制度となった。

　高齢者の医療の確保に関する法律は「高齢期における適切な医療の確保を図るため、医療費の適正化を推進する」とともに、「前期高齢者に係る保険

者間の費用負担の調整、後期高齢者に対する適切な医療の給付等を行うために必要な制度を設け」ることを目的としている（第1条）。

　後期高齢者医療制度は、都道府県ごとにすべての市町村が加入する広域連合が保険者となり、75歳以上の高齢者および65歳から74歳以下で一定の障害のある高齢者等を被保険者とする医療保険制度である。被保険者は、全体の医療費の1割を保険料として負担する。さらに、診療等を受けた場合は、窓口で医療費の一部負担がある（表8－3、8－4[8]）。保健事業については、発展的に広域連合に引き継がれるとともに、介護保険の地域支援事業との連携を図りながら実施される。

　後期高齢者医療制度はまだまだ課題も多い。たとえば、各地の市町村単位で運営されていた老人保健制度は、後期高齢者医療制度においては保険料徴収については従来どおり市町村が行うが、財政運営自体は各地の市町村が加入する広域連合が行うこととなる[9]。こうした広域連合への強制設立をはじめとして、財政主導型の医療費適正化の視点が強く押し出され、医療体制の地域間格差や医療費負担の増加に伴い、必要以上に受診行動が抑制されることなどが懸念される。

表8－3　後期高齢者医療制度

	後期高齢者医療制度
運営主体	都道府県単位で全市町村が加入する広域連合
対象者	75歳以上（一定の障害のある人は65歳以上）
患者負担	1割負担（現役並み所得者は3割負担）
保険料	全体の医療費の1割を保険料として徴収（特別徴収又は普通徴収）
財源内訳	公費：5割（国4／6、都道府県1／6、市町村1／6） 国保・被用者保険からの支援金：4割、保険料：1割

表8－4　医療保険の自己負担割合

年　齢	所得層	自己負担割合
義務教育就学前	－	2割
義務教育就学～69歳	－	3割
70歳～74歳	現役並み所得者[1]	3割
	上記以外の者	2割
75歳以上	現役並み所得者[1]	3割
	一定以上の所得者[2]	2割
	上記以外の者	1割

＊1　課税所得145万円以上。
＊2　課税所得が28万円以上。

4　高齢者福祉の動向

1．介護保険制度の動向

(1)　地域包括ケアシステムの構築

　2025（令和7）年には、団塊の世代（1947（昭和22）年〜1949（同24）年に生まれた世代）が75歳を超え、全人口のおよそ5.5人に1人が後期高齢者となり、認知症の高齢者の割合や、高齢者の単独世帯や高齢者の夫婦のみの世帯の割合も増加していくと推計されている。その一方で、自宅での介護を希望する高齢者の介護のニーズが高まっている。

　そうした社会構造の変化や介護ニーズに応えるために地域包括ケアシステムの構築がめざされている。地域包括ケアシステムとは、「地域の実情に応じて、高齢者が、可能な限り、住み慣れた地域でその有する能力に応じ自立した日常生活を営むことができるよう、医療、介護、介護予防、住まい及び自立した日常生活の支援が包括的に確保される体制」（持続可能な社会保障制度の確立を図るための改革の推進に関する法律第4条第4項）で、2025（令和7）年度に一定の完成形になるように改革を実施している（図8－4）。

図8－4　地域包括ケアシステムのすがた

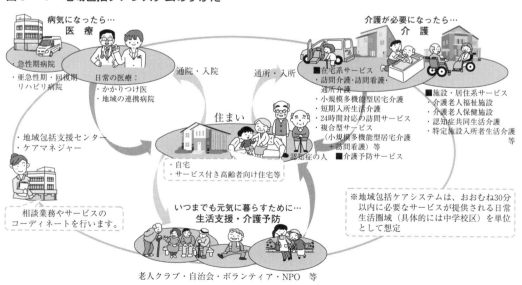

資料　厚生労働省ホームページ「地域包括ケアシステム」
https://www.go.jp/stf/seisakunitsuite/bunya/hukushi_kaigo/kaigo_koureisha/chiiki-houkatsu

地域包括ケアシステムの構築のために、団塊の世代が75歳以上となる2025年を目途に、重度な要介護状態となっても住み慣れた地域で自分らしい暮らしを人生の最後まで続けることができるよう、住まい・医療・介護・予防・生活支援が一体的に提供される地域包括ケアシステムの構築が必要である。なかでも、人口が横ばいで75歳以上人口が急増する大都市部、75歳以上人口の増加は緩やかだが人口は減少する町村部等、高齢化の進展状況には大きな地域差が生じている。地域包括ケアシステムは、保険者である市町村や都道府県が、地域の自主性や主体性に基づき、地域の特性に応じて作り上げていくことが必要となる。

(2) 介護保険制度の持続可能性の確保

高齢者人口の増加に伴い介護保険の総費用は急速に増大しており、現行制度のままでは、保険料の大幅な上昇が見込まれ、「制度の持続可能性」が課題となっている。そのため介護保険制度を持続していくために保険者としての市町村権限を強化するとともに、サービスの適正化を図る。先にも上げた予防重視型システムへの転換や、施設給付の見直しが必要である。

2．地域共生社会の推進

高齢化や人口減少が進み、暮らしにおける人と人とのつながりが弱まるなか、これを再構築することで、人生におけるさまざまな困難に直面した場合でも、誰もが役割をもち、お互いが配慮し存在を認め合い、そして時に支え合うことで、孤立せずにその人らしい生活を送ることができるような社会としていくことが求められている。また、人口減少の波は、多くの地域社会で社会経済の担い手の減少を招き、それを背景に、耕作放棄地や、空き家、商店街の空き店舗など、様々な課題が顕在化しています。地域社会の存続への危機感が生まれるなか、人口減少を乗り越えていく上で、社会保障や産業などの領域を超えてつながり、地域社会全体を支えていくことが、これまでにも増して重要となっている。

「地域共生社会」とは、このような社会構造の変化や人々の暮らしの変化を踏まえ、制度・分野ごとの「縦割り」や「支え手」「受け手」という関係を超えて、地域住民や地域の多様な主体が参画し、人と人、人と資源が世代や分野を超えつながることで、住民一人ひとりの暮らしと生きがい、地域をともに創っていく社会をめざしている[10]。

＊10　厚生労働省ウェブサイト「『地域共生社会』の実現に向けて」参照。
https://www.mhlw.go.jp/stf/seisakunitsuite/bunya/0000184346.html

3．高齢者虐待防止の推進

　家族や親族、養介護施設従事者などが高齢者の人権を侵害する「高齢者虐待」も大きな問題のひとつである。高齢者が他者からの不適切な扱いにより、権利利益を侵害される状態や生命、健康、生活が損なわれるような状態におかれることを防止するために、2006（平成18）年４月から「高齢者虐待の防止、高齢者の養護者に対する支援等に関する法律」（以下「高齢者虐待防止法」）が施行されている。高齢者虐待防止法では、「高齢者虐待」を身体的虐待、介護・世話の放棄・放任、心理的虐待、性的虐待、経済的虐待の５つに分類しており、虐待を受けたと思われる高齢者を発見した者に対し、市町村への通報努力義務が規定されている。養介護施設従事者等は、自分の働いている施設などで高齢者虐待を発見した場合、生命・身体への重大な危険が生じているか否かにかかわらず、通報義務が生じる。

4．介護人材の確保

　国立社会保障・人口問題研究所による推計によれば、2025（令和７）年には、国民のおよそ3.4人に１人が65歳以上、5.7人に１人が75歳以上となり、介護保険制度上の要支援・要介護認定者数の増加が見込まれている。それにより、福祉サービスへの需要の増大に伴う介護人材の確保が大きな課題となっている。介護分野でいえば、2016（平成28）年に介護職員として約190万人が従事しているが、2025（令和７）年には、さらに約55万人（需要：245万人）の介護人材を確保する必要があるとされている。

　介護人材の確保にあたっては、サービスを提供するために必要とされる人材の「量」と介護ニーズの高度化・多様化に対応するための「質」の向上とが求められている。

　2016（平成28）年に閣議決定された「一億総活躍プラン」では「介護離職ゼロ」を掲げ、介護人材の処遇の改善、介護福祉士をめざす学生に対しての奨学金制度の拡充、再就職準備金貸付制度の充実、介護ロボットの活用促進など、就業の促進や離職の防止、生産性の向上などに総合的に取り組んでいる。

　また、福祉サービスの供給体制の整備および充実を図るため、2016（平成28）年に社会福祉法等が改正され、福祉人材の確保の促進として、介護人材確保に向けた取り組みの拡大、福祉人材センターの機能強化、介護福祉士の国家資格取得方法の見直しによる資質の向上、社会福祉施設職員等退職手当

共済制度の見直しなどが行われることとなった。

　また、2015、2017、2018年度の介護報酬改定において、見直しが成されるなど、介護職員の安定的な改善を図っている。

　また介護のための人材不足に対応するため国内人材の確保対策を強化することはもちろん、国内人材のみならず、外国人人材の受け入れを積極的に展開していくことも必要である。こうした人材の受け入れは単なる人材不足への対応ではなく、各制度の趣旨に沿う必要がある。具体的には、①経済活動の連携の強化を目的とした経済連携協定（EPA）による特例的な受け入れや、②日本から相手国への技能移転を内容とする技能実習、③専門的・技術的分野への外国人人材の受け入れをめざす、資格を取得した留学生への在留資格付与などが行われている。

　すべての高齢者が生きがいをもって地域で安心して暮らせるような社会を実現するためには多くの課題が山積している。豊かな高齢社会を築くために、今後は厚生労働省の審議会のみならず多くの社会福祉関係者、市民などが参加したさらなる検討が必要とされている。

〈参考文献〉
　社会福祉士養成講座編集委員会編『高齢者に対する支援と介護保険制度［第6版］』
　　中央法規出版　2019年
　保育福祉小六法編集委員会編『保育福祉小六法』みらい　2023年

第9章

地域福祉

キーポイント

　少子高齢化、都市化が進み、単独世帯や核家族が中心の現代の社会においては、合理的で個人のプライバシーを重視した生活が進み、隣近所や地域とのかかわりが薄くなっている。一方、大きな災害が後を絶たない近年、避難や救援の場面で、近所同士の声掛けや助け合いによって一命をとりとめ、困難な状況を乗り越えることができたという報告が少なくない。また、ゴミ、環境、放置自転車、空き巣、孤独死など、地域で発生するさまざまな問題が、近隣の人たちの団結や協力によって解決されたといったニュースも多く耳にする。これらから見えてくることは、公的なサービスやしくみだけでは解決できない様々な課題は、そこに住む人々が力と知恵を出し合って行動し解決しなければならないということ。そんな底力を発揮する地域のつながりや助け合いが改めて求められているということである。

　地域のなかで起こるさまざまな問題を、そこに暮らす住民一人ひとりが自分のこととしてとらえ、住民同士がともに考え解決できるようにすること。高齢者、子ども、障害のある人などが必要なサービスを身近な地域で利用できること。これが地域福祉の目的である。そして、地域の関係機関や住民とのネットワークをつくり、住民の意識を育て、福祉力を引き出し、福祉コミュニティの形成を行うことが、地域福祉の推進である。

　人と人とのつながりの大切さが見直される今、福祉の分野においては地域福祉が主流の時代を迎えている。

1　地域福祉とは

1. 誰もが安心して暮らせる地域づくり

　人間は誰もが地域で生まれ、地域で育つ。日本古来からの暮らしのなかでは、田畑の労働、葬式、結婚式などを地域の相互の助け合いで行い、祭りや伝統行事を地域のなかで継承してきた。そして人の生死、生産、消費、労働、余暇などすべての生活の営みが地域のなかで行われたのである。しかし、今

＊1　隣組
　町内会の下に属し、近隣数軒が一単位となって、葬祭・婚礼・日常生活など助け合い活動を行う地域組織。

＊2　結い制度
　農村等において家相互間で労働力を貸し合うならわし。田植えや稲刈りなどの農作業を共同で行ってきた。

では「隣組」＊1や「結（ゆ）い」＊2などに代表される地域の助け合い活動は、ほとんどの地域で形骸化、消滅している。

　社会構造の変化に伴って、核家族や単独世帯が増加し、都市化が進むなかで、隣人の顔さえ知らないというように、現代では地域から孤立した形でも生活することが可能となっている。プライバシーを重視し、職場と自宅の往復だけで過ごし、近所づきあいなどは煩わしいと考える若者も多いであろう。しかし、ひとたび家族員の誰かが病気になったり、介護が必要になったり、災害が起こったり、日常の暮らしを一変させる問題が起きると、家族機能が弱体化し、地域の助け合い機能が崩壊した現在では、問題を乗り切ることが非常に難しく、生命の維持はおろか家族崩壊まで起こしかねないのである。

　発生した問題を解決するだけではなく、乳幼児、障害者、高齢者など、社会的弱者とよばれる人が地域で安心して生活するためには、地域のなかに社会参加の場があるか、緊急時に頼れるような人間関係があるか、見守り、見守られるあたたかなふれあいがあるか、といったことが大きな要素となる。日頃から地域の住民が、子どもや障害のある人、ひとり暮らし高齢者や高齢者世帯、認知症を患う高齢者などを見守り、時には声をかけることで、事故や問題発生の兆候を未然に発見することができるのである。

　さらに孤独死、高齢者虐待、子ども虐待、非行、閉じこもりといった現代社会が抱える多くの問題は、身近な存在である地域の人が発見し、適切な相談機関や公的サービスにつなげることで事態の深刻化を防ぐことができる。

　地域福祉とは、社会的弱者をはじめ、日頃は地域のつながりなど不要だと思っている人まで、誰もが安心して暮らせる地域を作るため、住民同士のつながりや支え合いの輪を広げ、住民主体の種々のサービスや活動を創造する理念や活動である。

2．地域の福祉力と福祉コミュニティ

　阪神・淡路大震災の際、淡路島のある地域では、震源に最も近く、建物の被害も大きかったにもかかわらず、死者がひとりもなかったと聞く。昔から近隣の結びつきが強く、家屋の下敷きになったひとり暮らしの高齢者もすぐに住民の協力で救出することができたのである。

　一方、都市部では、震災後2か月経ってひとり暮らしの初老の人の遺体が発見された。倒壊した家屋の下敷きになって逃げられず、震災から数日後に飢えで亡くなったまま、発見されなかったのである。

　地震直後から、高齢者世帯等のハンディのある人々に安否の確認や水や食

べ物などの救援物資を届ける等の組織的な活動のできた地域もあるが、そういった支援ができなかった地域もあり、その格差は歴然としたものであった。

つまり、その地域がつながりもない単なる人々の「集まり」だったのか、つながりは一応あったけれど助け合いや支え合いの視点などはなかったただの「集団」だったのか、集団のなかの弱い立場にある人を守るという「福祉の視点」を持った「福祉コミュニティ」[*3]だったのか、という違いが「地域の福祉力」の差となって明らかになったのである。

福祉コミュニティは一朝一夕に築けるものではない。その形成はどのようにその住民が意識をもち、実践を積み上げてきたかにかかっているのである。

[*3]　福祉コミュニティ
個別のつながりだけでなく、支援の必要な人に視点を向け、その人たちを中心に助け合いや支え合いのあり方を考えたり、活動を行ったりしているコミュニティ。

2　地域福祉の推進機関・団体と担い手

地域福祉を推進するには、地域住民と関係機関・団体の福祉活動が組織的に推進されることによって初めて可能となる。ここでは、地域福祉の推進機関・団体の役割と地域福祉の担い手について概要を学ぶことにする。

1．地域福祉の推進機関・団体

(1)　社会福祉協議会

社会福祉協議会は、社会福祉法において地域福祉の推進役として位置づけられた民間団体である。通称「社協」とよばれ、全国、都道府県、市区町村レベルで設置されている（表9-1）。社会福祉協議会は、法的には社会福祉法人であることは規定されていないが、安定的な運営を図るために法人化が進められ、全国、都道府県、指定都市ではすべてが社会福祉法人であり、市町村、特別区でも法人化率はほぼ100％となっている。

市区町村社会福祉協議会は、そこに住むすべての住民を「会員」として会費を徴収している。会費以外の収入は、国・都道府県・市町村からの補助金、委託金、共同募金の配分金、寄付金、事業収入などがある。これらの財源をもとに、住民による住民のための地域福祉推進をめざし、地域の特性に応じた独自の活動を展開している。

市区町村社会福祉協議会の主な事業は、表9-2の通りである。

社協が独自の活動として従来から行ってきた、地域住民の参加による福祉コミュニティづくりは、コミュニティワーカーとして福祉活動専門員が配置

表9-1　社会福祉協議会の設置数　　　　　　　　　　2020年4月現在

種　別	設　置　数
全国社会福祉協議会	1か所
都道府県・指定都市社会福祉協議会	67か所
市区町村社会福祉協議会	1,825か所
地区・校区社会福祉協議会	法定化されていないが各地で設立

表9-2　市区町村社会福祉協議会の主な事業

○地域福祉推進部門

■活動内容
　　住民参加による地域福祉の推進（福祉コミュニティづくり）
■実施事業
　・総合相談
　・小地域福祉活動の推進（ニーズの早期発見、見守りネットワークづくり、助け合い活動、ふれあい・いきいきサロン等）
　・当事者組織への支援
　・市区町村地域福祉活動計画の策定（誰もが安心して暮らせる福祉のまちづくりをめざして、社協が中心となって住民参加により策定）
　・ボランティアセンターの運営（ボランティアの育成、調整、情報提供、相談）
　・日常生活自立支援事業（都道府県社協からの委託）
　・生活困窮者自立支援事業（都道府県社協からの委託）
　・福祉教育の推進（小・中・高校の福祉協力校の指定や福祉体験教室等の実施）

○介護保険サービス部門

■事業内容
　　介護保険法に基づく指定居宅サービス事業の経営
■実施事業
　・ホームヘルプサービス（指定訪問介護事業所）
　・デイサービス（指定通所介護事業所）
　・訪問入浴サービス（指定訪問入浴介護事業所）
　・ケアマネジメント（指定居宅介護支援事業所）　など

○その他の在宅福祉サービス

■事業内容
　　市区町村からの業務委託や自主財源による地域福祉推進のための事業
■実施事業
　・食事サービス（配食、会食）
　・外出支援サービス
　・障害者総合支援法によるホームヘルプ事業・就労支援事業など
　・障害者関係事業
　・児童・子育て支援関係事業（児童館、子育て支援センター等）
※この他、地域の実情に合わせ多様な事業を実施している。

され、その役割を担っている。また多くの社協が設置しているボランティアセンターには、ボランティアコーディネーターが配置され、ボランティアの育成・調整などを行っている。

　従来、市町村社会福祉協議会は、福祉コミュニティづくりのための事業を受託したり、その活動を事業化したりするなかで、公共的な仕事を公平な立場で推進していた。しかし、介護保険法や障害者自立支援法（現：障害者総合支援法）の施行にあたり、介護保険サービス事業者、障害福祉サービス事業者として経営者の顔ももつようになった。これは、地域福祉推進機関としての公益性と、介護サービス等の事業者としての収益性の両立の目的をもつということであり、そのバランスと両立が多くの社協で課題となっている。

　都道府県社会福祉協議会は、社会福祉従事者の養成と研修、社会福祉事業経営者への指導および助言、市町村社会福祉協議会の相互の連絡および事業の調整を行う。さらに、社会福祉法の成立に伴って、「日常生活自立支援事業」（旧：地域福祉権利擁護）と「福祉サービスに関する苦情解決事業」が加わり、福祉サービス利用者の立場に立ってその暮らしを支援する新たな役割を担うことになった。

　全国社会福祉協議会は、調査研究や国と都道府県社会福祉協議会の連絡調整、出版事業などを行っている。

(2)　社会福祉施設

　以前は、「施設」に「入所」すると、地域社会と隔離されたところで生活するというイメージが強かったが、現在は施設利用者を地域社会の一員と考えるように変化してきている。また、通所型、利用型の施設など在宅で生活しながら施設サービスを利用するケースも増えてきている。

　社会福祉施設と地域のかかわりとして、次の4点が挙げられる。

①　施設機能の在宅サービス化

　施設の専門的サービスを地域住民に開放することであり、特別養護老人ホームにデイサービスやショートステイの機能が併設されたり、保育所での未就園児の親子教室なども盛んに開催されたりと、住民が身近なところでサービスを利用できることが一般的になってきている。

②　施設の地域拠点化

　施設固有のサービスを利用者に対し実施するだけではなく、地域社会の資源としての役割をもつということである。たとえば、特別養護老人ホームでの介護教室や保育所での子育て相談、ボランティア講座、児童生徒の福祉体験の場の提供、会議室や機材の貸し出しなど、施設は住民の地域福祉活動の

拠点として地域に開かれたものになっている。

③　施設入所者の生活の社会化

施設入所者や利用者、そこで働く職員も地域の一員である。地域の住民との交流、外出はもとより、避難訓練の合同実施や夏祭りや運動会の共催など、地域行事に参加する機会が多くなっている。

④　施設運営の社会化

施設を経営する社会福祉法人の役員に、地域の代表を加えることが社会福祉法人審査基準で義務づけられており、施設利用者の利益を保護するための第三者委員の設置が社会福祉法に規定されている。

また、ボランティアも労力の提供だけではなく、施設の行事の企画や事後評価にもかかわるなど、地域住民が施設サービスの向上に寄与する機会が多くなっている。

(3)　民生委員・児童委員

民生委員は地域の一定区域を担当し、その区域内の住民の生活状況を把握し、ニーズをもつ人が自立した日常生活を営むことができるように、相談、助言、情報提供をし、福祉事務所や社会福祉協議会と協力して住民の福祉増進のための活動を行う民間の奉仕者である。都道府県知事の推薦により、厚生労働大臣が委嘱し、任期は3年であり給与は支給されない。民生委員法で定める民生委員は、同時に児童福祉法で定める児童委員も兼ねることとなっており、児童問題への対応も行う。さらに、児童非行問題の低年齢化、子育て不安、子ども虐待などの深刻化に伴い、子ども福祉に関する事項を地域で専門的に担当する「主任児童委員」が活動している（表9－3）。

民生委員・児童委員は、以前は「名誉職」とされ、地域の名士的な男性、高齢者が多くを占めていたが、地域住民の立場に立って相談、援助し地域住

表9－3　民生委員・児童委員・主任児童委員　配置基準表

	区　分	民生委員・児童委員配置数
民生委員 児童委員	東京都区部および指定都市 中核市および人口10万人以上の市 人口10万人未満の市 町村	220～440世帯ごとに1人 170～360世帯ごとに1人 120～280世帯ごとに1人 70～200世帯ごとに1人
	民生委員協議会の規模	主任児童委員の定数
主任児童委員	民生委員・児童委員の定数39以下 民生委員・児童委員の定数40以上	2人 3人

民の一員として活動できる女性が任命される割合が多くなっている。一方で、現役世代のなり手不足や、委員の高齢化が課題として挙げられる。

2．地域福祉の担い手

(1)　ボランティア

　ボランティアの原則は、「自発性」「無償制」「社会性」「創造性」などといわれているが、その意味は単なる「勤労奉仕」ではなく、いろいろな人と共感し「ともに生きる」活動であり、また「人間らしく生きる権利をまもる」活動であり、ボランティア自身の社会参加、生涯学習の場としてもとらえられるようになっている。

　1995（平成7）年の阪神・淡路大震災では、全国からのボランティアがさまざまな場面で災害救援活動に参加し、「ボランティア元年」といわれ注目を集めた。また、2011（同23）年の東日本大震災では、各地の社会福祉協議会やNPO団体が災害ボランティアセンターを立ち上げ、被災地のニーズとボランティアの調整を行った。

　近年、複合化、複雑化するニーズに応えるため、ボランティア活動の分野は、災害救援活動、福祉関係のボランティアだけではなく、環境問題、文化伝承活動、スポーツ・レクリエーション、国際交流、人権問題など多様化している。2022（令和4）年に国が行った調査[*4]によると、全国に在住する20歳以上の男女のうち、過去1年間にボランティア活動をしたことがある人は17.4％であり、活動分野では最も多いのが「まちづくり・まちおこし」(25.6％)、次に「子ども・青少年育成」(25.0％)と続き、「保険・医療・福祉」の分野は上位から4番目（19.5％）であった。参加の動機については、「社会の役に立ちたいと思ったから」が最も多く、その割合は59.1％となっている。また、最近では企業が社会貢献活動の一環として、会社や団体を挙げてボランティア活動を行うことや、従業員がボランティア活動を行う際にボランティア休暇を取得できる企業も増加している。

*4　内閣府「令和4年度　市民の社会貢献に関する実態調査」より。

　ボランティア活動の促進を目的に、市区町村社会福祉協議会等にはボランティアセンターが設置されており、ボランティア活動に関しての相談、調整、活動の支援、情報提供、講習会の開催等を行っている。

(2)　住民参加型在宅福祉サービス

　ボランティアの思想をもちながら、継続的に責任をもってサービスを行うために、また、利用者も気がねなく利用できるように有償のサービスが各地

で生まれている。ボランティアという言葉には、「無償性」という意味がこめられているので「有償ボランティア」という言葉は用いず、「住民参加型在宅福祉サービス」とよばれている。

　地域のなかでサービスの利用者と担い手が対等な関係で会員となり、有償でサービスを提供する仕組みである。

　日常生活の手伝いや介護・介助サービス、食事サービス、話し相手など、制度に縛られずニーズに応じた活動が展開でき、即応性もある。また、公的サービスのように対象を限定していないので、制度の谷間にある人も利用できる。必要な時に必要なサービスが利用でき、住民参加の活動からお互いに地域で生活しているという連帯感が生まれる新しい福祉活動の形である。

(3) NPO法人

　阪神・淡路大震災で活躍したボランティアは、ニーズに対して小回りのきく即応性、即時性など行政では担えない大きな力となった。しかし、ボランティアであるための限界が明らかになり、その支援のための制度的な仕組みが必要であるとの議論が高まった。

　ボランティア団体のほとんどは任意団体であり、法人格がないため財産をもつことができず、事業や契約の主体となれなかった。事務所や電話を契約することができなかったり、車をもつことができなかったり、行政や企業との協働もできにくかった。そこで、ボランティア団体や住民参加型在宅福祉サービスを行う団体などが法人格を取得しやすくし、組織的、継続的、発展的な活動の展開が可能となるよう、1998（平成10）年「特定非営利活動促進法」（通称NPO法）が成立した。NPOとはNon-Profit Organizationの略であり民間非営利組織を指す。

　NPO法では、特定非営利活動として20の分野を定めており、法人化するNPOはそのどれかに該当する必要がある（表9－4）。

　福祉分野では、介護保険の指定事業所となり介護報酬を得て活動するNPO法人も増加している。住民参加型のエネルギーを生かして地域福祉推進や、他機関等とのよきパートナーシップの構築が期待されている。

表9−4　NPO法に定められた20の活動分野

1	保健、医療または福祉の増進を図る活動
2	社会教育の推進を図る活動
3	まちづくりの推進を図る活動
4	観光の振興を図る活動
5	農山漁村および中山間地域の振興を図る活動
6	学術、文化、芸術またはスポーツの振興を図る活動
7	環境の保全を図る活動
8	災害救援活動
9	地域安全活動
10	人権の擁護または平和の推進を図る活動
11	国際協力の活動
12	男女共同参画社会の形成の促進を図る活動
13	子どもの健全育成を図る活動
14	情報化社会の発展を図る活動
15	科学技術の振興を図る活動
16	経済活動の活性化を図る活動
17	職業能力の開発または雇用機会の拡充を支援する活動
18	消費者の保護を図る活動
19	前各号に掲げる活動を行う団体の運営または活動に関する連絡、助言または援助の活動
20	前各号に掲げる活動に準ずる活動として都道府県または指定都市の条例で定める活動

3　地域福祉の推進

　近年、地域福祉の果たす役割が大きく見直されている。社会環境の変化により、人々のニーズは多様化し、生じる問題も複合化、複雑化している。既存の制度や組織では対応が困難な問題も多く、それぞれの課題に応じた、オリジナルで柔軟な対応が求められるようになってきた。ここでは、そんな時代のなかで求められるこれからの地域福祉の姿、その推進のあり方を学ぶ。

1．コミュニティケアと地域福祉

　地域福祉を進めていく上で重要な考え方としてコミュニティケアがある。コミュニティケアとは、子育てや高齢、障害などさまざまな生活課題が生じても、自宅から遠く離れた施設やサービスを利用するのではなく、自宅や住み慣れた地域のなかで、これまでの人間関係を維持しながら自立した生活を

送ることができるよう、行政や地域住民が協働して必要な社会サービスを作り上げ提供していこうという考え方や取り組みである。多様な課題が山積する現代の地域福祉の推進は、日常的な住民同士のつながりや支え合いを広げるとともに、誰もが安心して暮らせるまちづくりを目的とした、コミュニティケアの仕組みづくりやその実践に視点を置くことが重要である。

２．地域福祉の主流化

　日本の地域福祉の推進は、過去長きにわたり多くの活動家により実践的に築きあげられてきたものであった。その流れが大きく変わったのは2000（平成12）年６月、社会福祉事業法の改正によって新たに施行された社会福祉法による。社会福祉法では、それまでは福祉の法律のなかでは存在していなかった地域福祉という用語が、初めて「地域福祉の推進」という形で明記され、その推進の主体として「地域住民」が明確に位置づけられたのである。さらに2020（令和２）年の社会福祉法の改正では、地域住民が相互に人格と個性を尊重し合いながら地域福祉を推進することとされ、あらゆる住民が役割をもって共生する地域社会の実現をめざすことが示された。

社会福祉法

> **第１条（目的）**
> 　この法律は、社会福祉を目的とする事業の全分野における共通的基本事項を定め、社会福祉を目的とする他の法律と相まつて、福祉サービスの利用者の利益の保護及び地域における社会福祉（以下「地域福祉」という。）の推進を図るとともに、社会福祉事業の公明かつ適正な実施の確保及び社会福祉を目的とする事業の健全な発達を図り、もつて社会福祉の増進に資することを目的とする。
> **第４条（地域福祉の推進）**
> 　地域福祉の推進は、地域住民が相互に人格と個性を尊重し合いながら、参加し、共生する地域社会の実現を目指して行われなければならない。
> ２　地域住民、社会福祉を目的とする事業を経営する者及び社会福祉に関する活動を行う者（以下「地域住民等」という。）は、相互に協力し、福祉サービスを必要とする地域住民が地域社会を構成する一員として日常生活を営み、社会、経済、文化その他あらゆる分野の活動に参加する機会が確保されるように、地域福祉の推進に努めなければならない。

　また、長年住民主体の地域づくりを推進してきた社会福祉協議会が、地域
福祉を推進する団体として法律に明確に位置づけられ、共同募金も地域福祉
推進のために配分されることとなった。

　従来日本の福祉施策は、高齢者、障害者、児童などの分野ごとに縦割に進
められ、地域福祉はその補完的な役割として位置づけられていたが、新たな
社会福祉法は、それぞれの分野の横断的な考え方である地域福祉を重視した。
住み慣れた地域で安心して暮らせる地域社会を基盤とした地域福祉の推進が、
初めて法律によって示されたのである。

3．地域福祉推進の計画

⑴　地域福祉計画・地域福祉支援計画

　社会福祉法施行と同じ年の2000（平成12）年、地方分権一括法が施行され、
基礎自治体である市町村を福祉行政の中核とすることが明確にされ、地域福
祉の推進も市町村が中心となって行っていくことになった。同年に施行され
た社会福祉法では、住民と協働して地域福祉を計画的に推進するため、「地
域福祉計画」を市町村が策定し、この計画を支援するため、「地域福祉支援
計画」を都道府県が策定をすることとされた。

　社会福祉法第107条第1項において、「市町村は、地域福祉の推進に関する
事項として次に掲げる事項を一体的に定める計画（以下「市町村地域福祉計
画」という。）を策定するよう努めるものとする」とされ、「次に掲げる事項」
として5つを挙げている。

①　地域における高齢者の福祉、障害者の福祉、児童の福祉その他の福祉
　　に関し、共通して取り組むべき事項
②　地域における福祉サービスの適切な利用の推進に関する事項
③　地域における社会福祉を目的とする事業の健全な発達に関する事項
④　地域福祉に関する活動への住民の参加の促進に関する事項
⑤　地域生活課題の解決に資する支援が包括的に提供される体制の整備に
　　関する事項

　このように地域福祉計画は、高齢者、障害者、児童といった各分野の共通
部分を一体的に定めるものとして位置づけられている。⑤については、2018
（平成30）年の改正によって示された地域福祉の新しい概念である「包括的
な支援体制」の整備に係る事業を示し、その実施が新たな、市町村の努力義
務とされた。

(2) 地域福祉活動計画

　地域福祉計画が行政の地域福祉推進の計画であるのに対し、住民を主体とした地域福祉活動推進の計画が「地域福祉活動計画」である。

　地域福祉活動計画は、社会福祉協議会のよびかけにより、住民、社会福祉関係者等が相互に協力し、地域の実情を踏まえて策定する民間の活動・行動計画である。その目的は、福祉ニーズが現れる地域社会において、福祉課題の解決をめざして住民や民間団体の行うさまざまな解決活動と、必要な資源の造成・配分活動などを組織立って行うこととされている。「地域福祉計画」が地域福祉推進のための基盤や仕組みをつくる計画であるのに対し、それを実行するために住民の活動や行動のあり方を定めたものが「地域福祉活動計画」であり、2つの計画は、言わば地域福祉を推進する車の両輪といえるのである。

4．地域福祉の推進にかかる保育所の役割

　住民に最も身近な社会福祉施設である保育所は、子どものための施設としてだけではなく、近年、「孤育て」＊5に対応する地域の子育て支援の拠点としての役割が強く求められている。保育所で働く保育士も、保育所のなかの子どもだけでなく、その保護者や地域の子育ての環境、子どもや子育てに関する情報にも幅広く目を向ける必要がある。少子化による地域の子どもの減少や、地域のつながりの希薄化などにより、妊娠、出産、子育てにおいて母親が不安やストレスを感じる状況が報告されている。また、子どもの貧困、子どもの孤食、子ども虐待、親の仕事と育児の負担など、子育てを巡る社会問題が頻繁に取り上げられている。そんななか、2014（平成26）年から地域子育て支援拠点事業により、①子育て親子の交流の場の提供と交流の促進、②子育て等に関する相談、援助の実施、③地域の子育て関連情報の提供、④子育ておよび子育て支援に関する講習等を実施する地域子育て支援拠点として、保育所の果たす役割が期待されている。

　また、2000（平成12）年に施行された「児童虐待の防止等に関する法律」（児童虐待防止法）では、保育士等は子ども虐待を発見しやすい立場にあることを自覚し、子ども虐待の早期発見に努め、福祉事務所または児童相談所に通告しなければならないことが規定されている。このように、保育や子育ての専門職である保育士は、地域の住民や関係機関と協働し、地域の子育てを推進する役割が期待されているのである。

＊5　孤育て
　夫や親族の協力も得られず、近所との付き合いもなく孤立したなかで母親が子どもを育てている状態。

4　これからの地域福祉

1．地域福祉の制度化

　2000（平成12）年の社会福祉法の施行によって、地域福祉の推進が明確に位置づけられたが、それ以降も急激に変化していく社会構造は、さらに複合化、複雑化した問題が顕在化するようになった。特に地域福祉に関係の深いものとして、都市化や核家族化の進行による家族の機能の縮小や地域社会のつながりの更なる希薄化、社会のグローバル化やポスト工業化による雇用環境の変化による社会的排除[*6]やワーキングプア[*7]といった問題が挙げられる。

　このようななか、福祉の各分野を横断的に推進し、住民によるつながりや活動を主軸とする地域福祉の担う役割はますます増加し、その推進に改めて大きな期待が寄せられている。社会福祉法第4条第3項では、課題を抱える個人だけでなくその家族にも目を向けること、福祉や保健医療などの直接の生活課題だけの解決ではなく、生活課題を抱えた人が地域社会から孤立することを防ぎ、社会に参加するためのすべての課題を「地域生活課題」としこれを把握すること、地域住民が行政などと協力しこれらの課題を解決していくことが定められ、後述の「地域共生社会」の理念を明確にした。

　2018（平成30）年の社会福祉法改正では、国や地方公共団体が地域福祉の推進のために必要な各般の措置を講ずることを努力義務とし、地域福祉推進

社会福祉法

> **第4条（地域福祉の推進）**
> 　3　地域住民等は、地域福祉の推進に当たつては、福祉サービスを必要とする地域住民及びその世帯が抱える福祉、介護、介護予防（要介護状態若しくは要支援状態となることの予防又は要介護状態若しくは要支援状態の軽減若しくは悪化の防止をいう。）、保健医療、住まい、就労及び教育に関する課題、福祉サービスを必要とする地域住民の地域社会からの孤立その他の福祉サービスを必要とする地域住民が日常生活を営み、あらゆる分野の活動に参加する機会が確保される上での各般の課題（以下「地域生活課題」という。）を把握し、地域生活課題の解決に資する支援を行う関係機関（以下「支援関係機関」という。）との連携等によりその解決を図るように特に留意するものとする。

＊6　社会的排除
　何らかの原因により、個人や集団が社会（居住、教育、保健、社会サービス、就労等）から排除されている状態。

＊7　ワーキングプア
　フルタイムで働いているものの、十分な所得を得られず相対的貧困状態にある就業者。日本では年収200万円以下がひとつの目安とされている。

の公的責任を明確にした。またこれからの地域福祉推進のあり方を「包括的な支援体制」として示し、①地域住民の地域福祉活動への参加を促進する環境の整備、②地域生活課題に関して分野を超えて総合的に相談に応じ、関係機関と連絡調整等を行う体制の整備、③地域の関係機関が協働して複合化した生活課題を解決するための体制の整備を行っていくことを市町村の努力義務とした。過去、自主的な住民活動によって進められてきた地域福祉は、法令等により制度化され、公的責任により計画的に推進されることとなった[8]。

2.「我が事・丸ごと」地域共生社会の地域づくり

少子高齢社会のなか、継続可能な今後の社会のあり方として「一億総活躍社会」[9]が進められている。これを受け、国により「我が事・丸ごと」を理念とする「地域共生社会」の実現がこれからの地域づくりのビジョンとして示された。「地域共生社会」とは、住み慣れた地域のなかで、制度や分野ごとの「縦割り」や、サービスや支援の「受け手側」「支える側」という関係を超え、地域のすべての住民が役割を持って、「我が事」として参画し、人と人や、人と社会資源が世代や分野を超えて「丸ごと」つながり、一人ひとりの暮らしと生きがい、地域をともに創っていくことのできる社会をさす。これはまさに、地域のなかのさまざまな主体や住民がつながり、お互いの支え合いのなかで課題を解決しようという地域福祉の概念と相通ずるものである。

種々の多様な問題を抱えた現代の社会を維持し、これからもよりよく発展させていくためには、行政による福祉サービスや社会保障制度の効率的な運用とともに、自分たちの暮らしは自分たちが守っていく、という意識と行動が欠かせない。今、人と人とのつながり、地域福祉の必要性と重要性が改めて見直されているのである。

〈参考文献〉

高橋紘士編『地域包括ケアシステム』オーム社　2012年
社会的排除リスク調査チーム「社会的排除にいたるプロセス」2012年
　　https://www.mhlw.go.jp/stf/shingi/2r9852000002kvtw-att/2r9852000002kw5m.pdf
「社会福祉学習双書」編集委員会編『地域福祉論』全国社会福祉協議会　2015年
厚生労働省ウェブサイト「『地域共生社会』の実現に向けて」2017年
　　https://www.mhlw.go.jp/stf/seisakunitsuite/bunya/0000184346.html
全国社会福祉協議会「平成29年度市区町村社会福祉協議会職員状況調査」2017年
社会福祉の動向編集委員会編『社会福祉の動向2023』中央法規出版　2023年
上野谷加代子・松端克文・永田祐編著『新版よくわかる地域福祉』ミネルヴァ書房
　　2020年

*8　なお「包括的な支援体制」の取りまとめを踏まえ、複合化、複雑化した住民ニーズに対応するものとして、①断らない相談支援、②社会とのつながりの回復や参加の支援、③地域からの孤立防止や参加の機会を生み出す支援が、2020（令和2）年の社会福祉法改正により市町村の事業（重層的支援体制整備事業）として創設された。

*9　一億総活躍社会
2015（平成27）年発足の安倍晋三改造内閣の目玉プラン。少子高齢化に歯止めをかけ、50年後も人口一億人を維持し、家庭、職場、地域で誰もが活躍できる社会をめざすというもの。

第10章

社会福祉の専門職と倫理

キーポイント

> 本章で押さえておきたいポイントは5つある。
> 　1つめは、社会福祉の専門性は、時代とともに変化し発展してきたことである。2つめは、「価値（倫理）」「専門知識」「技能」の視点に立って社会福祉の専門性について考えることである。3つめは、社会福祉分野の専門職の役割について理解することである。保育現場で直面する福祉課題は、保育士だけでは解決できないため、ほかの専門職や専門機関の業務内容と得意分野を知ったうえで連携・協力しなければならない。4つめは、「なぜ、専門職倫理が必要なのか」ということである。専門職倫理は、専門職が迷ったとき、現場で課題に直面したときに、解決のための方向性を指し示したり、原点を振り返ったりすることができる「鏡のような存在」である。5つめは、社会福祉の動向を踏まえ、これから求められる福祉専門職について考えることである。「社会福祉の専門性」は、現在でも揺らいでおり、常に問い直していかなければならない。

1　福祉専門職とは何か

　人々の暮らしや地域社会の福祉課題を対象とする福祉専門職は、人々のニーズや政策方針、法改正や制度の成立など、必然的に社会全体の動きから強い影響を受けている。わが国では、1960年代以降に「福祉専門職」の本格的な議論がはじまっているが、現在においても「福祉専門職のあり方やその養成課程」について新たな論点が出てきている。本章では、これまで積み上げられてきた「社会福祉分野の専門性」を整理するとともに、近年の動向を交えて述べていきたい。

1．福祉専門職としての保育士

　子ども家庭福祉分野における専門職として「保育士」は一般的になってき

た。「子どもにかかわる専門職は？」との問いに、「保育士」を答える方は多いだろう。では、専門職である保育士と、専門職ではない一般の方とは何が違うのだろうか。さまざまな論点が思い浮かぶが、端的にいえば、「子どもや保護者の姿を正確にとらえ、差別することなくケアすることができるかどうか」であろう。専門職とは、「普遍的な価値観に基づいて高度な専門知識や技能をもって実践できる特定の職種」であり、一般の方とは明確に区別される。ここでは、子ども家庭福祉分野の専門職について、①価値（倫理）、②専門知識、③技能の視点から考えてみたい。

(1) 価値（倫理）

　価値（倫理）とは、子どもや保護者を理解するうえで大切なことは何か、どの方向に導いて支援するのか、子どもや保護者を取り巻く地域社会はどうあるべきなのか、についての明確な考え方である。

　たとえば、児童福祉法では、児童は権利の主体であること（第1条）、児童の最善の利益が優先されること（第2条）が明記されている。一般の方は、これらの考えをあまり意識することはないかもしれない。しかし、保育士は、子ども家庭福祉分野の専門職として児童福祉法の価値を軸に実践する必要があり、価値から遠ざからないように、絶えず修正していく必要がある。

　また、地域社会に対しても、子ども福祉の価値を広めていく役割がある。いつでも・どこでも通用する普遍的な価値をもつ専門職だからこそ、誰をも排除せず、一貫した考えをもって子どもを育むことができるのである。

　このような価値を実現するために、職務を遂行する際の態度のあり方（行動規範）を示したものを倫理という[1]。全国保育士会など、職能団体のほとんどが倫理綱領や行動指針を示しており、専門職として求められる価値を明文化している。保育や幼児教育は、公共性が高く、社会的責任のある仕事なのである。

　価値は、専門性のなかで最も重要な構成要素であり、専門職としての土台に位置づけられている。この価値を土台にして、次の専門知識や技能が生かされることを強調しておきたい。専門知識や技能が先行してしまうと、子どもや保護者の思いを正確にくみ取ることが難しいだろう。

(2) 専門知識

　保育士に求められる専門知識とは、保育分野で用いられる概念や情報である。たとえば、「赤ちゃんが寝返りする月齢」や「愛着形成」「児童相談所の役割」など、子どもの発達や子ども家庭福祉に関する幅広い体系的な知識を

身につけているかどうかが問われる。

　近年、子育て支援が重要になってきている背景には、日本の子どもがいる世帯のほとんどが核家族であるとともに、親になる準備ができないまま子どもをもつケースがある。また、地域の養育力が低下していることに加え、子どもの発達に関する正しい知識や子育て方法がうまく伝達できていない社会状況もある。そのため、専門職である保育士が中心となって、子どもに対する正しい知識を保護者や地域社会に向けて発信することが求められている。

　子ども家庭福祉に携わる福祉職が必要とする知識として、人と環境の双方を理解するための、①環境としての社会を理解するための知識、②子どもや家族等の利用者（対象）を理解するための専門知識、③援助実践を支える専門技術（ソーシャルワーク）に関する知識、④社会資源（法律・制度、地域の社会資源や諸制度・サービス等）に関する情報を挙げることができる[2]。専門職は常に社会状況の変化をとらえておくとともに、たびたび改正される法律や自治体の行政計画などにも常に目を向けておかなければならない。

⑶　技能

　保育士に求められる技能とは、保育や保護者支援などに必要とされる技術的な能力である。たとえば、子どもの発達を保障するための計画や環境づくり、音楽表現・運動遊びが発達段階に合わせて実践できるかどうか、保護者の主訴をくみ取り、適確なアドバイスができるかどうかである。また、そのときの「人」「問題」「状況」の個別性に応じて対応できるかどうかである。先に述べた「知識」を単に理解しているだけではなく、子ども福祉の価値に基づいて目の前の子どもや保護者に対して実践できるかどうかが問われる。ここで求められる能力は、コミュニケーション能力、対人関係形成力、判断力、分析・考察（洞察）力なども含まれ、総合的な能力が求められる。

2．社会福祉の専門資格制度

　専門職について議論をするうえで最もわかりやすいものは「資格」についてであろう。資格を取得しているかどうかが専門職として認知されるための具体的な目安になっている。本項では、社会福祉にかかわる専門資格を3つに分類[3]し、それぞれの特徴を述べていきたい。

　1つめは国家資格である。医師や弁護士をはじめとする専門資格として最も認知度の高い資格である。国家資格は、「業務独占資格」と「名称独占資格」に分けられており、医師や弁護士など、より高度な知識・技術を必要とする

資格は業務独占資格、保育士や介護福祉士、社会福祉士などの社会福祉関連の資格は名称独占資格に位置づけられている。

業務独占資格は、薬の処方や医療行為を医師しかできないように、その業務を行うにあたって必ず要する資格をいう。一方、名称独占資格は、資格がなくてもその業務を行えるが、資格がなければその名称を名乗れないものである。保育士の資格がなくても保育現場で働くことは可能だが、「私は保育士です」と、資格名称を名乗って業務につくことができないということである。近年では、社会福祉士が業務を行ううえでの必置義務や任用資格要件になっていること、保育士の人員配置基準が定められていること、介護福祉士資格の有無が介護報酬の算定要件になっていることなどがあり、名称独占資格であっても資格の有無が問われる傾向にある。

2つめは任用資格である。社会福祉主事、児童福祉司、児童心理司、児童指導員、家庭相談員、児童福祉施設長など、法律や省令、通知によって定められている資格であり、その職種に配属される場合に必要とされる資格である。

3つめは、社団法人や財団法人等の認定資格である。研修を受講したり心理系の大学院を修了したりするなど、一定の条件を満たし、試験に合格した者に付与される民間団体の資格である。スクールソーシャルワーカーや臨床心理士など、国家資格だけでは対応できない、社会福祉ニーズの変化に応えるために設けられている資格もある。

なお、2024(令和6)年4月より、子ども家庭福祉の現場にソーシャルワークの専門性を身につけた人材を早期に輩出するため、こども家庭ソーシャルワーカーの認定制度が導入される。保育士からの資格取得ルートがあるため、確認しておいてほしい。

2　社会福祉にかかわる専門職

ここでは社会福祉の主な国家資格と関連する専門職を挙げ、専門性を発揮する対象や目的、働く場所、保育現場との接点について紹介したい。

1．社会福祉の主な国家資格

(1)　保育士

保育士とは「保育士の名称を用いて、専門的知識及び技術をもつて、児童

の保育及び児童の保護者に対する保育に関する指導を行うことを業とする者」（児童福祉法第18条の４）とされており、児童福祉施設において中心的な役割を担う専門職である。近年では子どもの保育にあたるだけではなく、地域の実情に応じた地域子育て支援の展開や地域の関係機関との連携・協力も求められている。

(2)　社会福祉士

　社会福祉士は、「専門的知識及び技術をもつて、身体上若しくは精神上の障害があること又は環境上の理由により日常生活を営むのに支障がある者の福祉に関する相談に応じ、助言、指導、福祉サービスを提供する者又は医師その他の保健医療サービスを提供する者その他の関係者との連絡及び調整その他の援助を行うことを業とする者」（「社会福祉士及び介護福祉士法」第２条第１項）と定められている。

　社会福祉士は、社会福祉分野における相談援助職の代表的な国家資格であり、医療・福祉施設や公的な相談機関など、活躍する職場は多岐にわたる。働く場所は、社会福祉施設、社会福祉協議会の職員、都道府県・市町村自治体のケースワーカー、児童相談所の児童福祉司、家庭裁判所の調査官、医療機関のソーシャルワーカー、地域包括支援センターなどが代表的である。保育現場との接点では、要保護児童*1に対するケース対応、ボランティア活動に関すること、育児と介護を同時に抱えた世帯のケース対応（ダブルケア）などで連携・協力することが想定される。

*1　児童福祉法では「保護者のない児童又は保護者に監護させることが不適当であると認められる児童」（第６条の３）と規定されている。虐待を受けた子どもに限らず、非行児童なども含まれる。

(3)　精神保健福祉士

　精神保健福祉士は、「精神障害者の保健及び福祉に関する専門的知識及び技術をもって、精神障害者の社会復帰に関する相談援助を行うことを業とする者」（精神保健福祉士法第２条）と定められている。前述した社会福祉士と比べて精神保健福祉分野に特化した相談援助職であり、精神障害者や家族に対する相談・助言・指導を行っている。働く場所は、都道府県・市町村自治体のケースワーカー、精神科病院、精神障害者社会復帰施設、保護観察所などである。保育現場との接点では、精神疾患を抱えた保護者のケース対応のなかで連携・協力することが想定される。

(4)　介護福祉士

　介護福祉士は「専門的知識及び技術をもつて、身体上又は精神上の障害があることにより日常生活を営むのに支障があるものにつき心身の状況に応じ

た介護を行い、並びにその者及びその介護者に対して介護に関する指導を行うことを業とする者」（社会福祉士及び介護福祉士法第2条第2項）と定められている。支援をする対象者は、高齢者や障害のある人であるが、人の生活を支援することや身辺の介助をする点においては保育士と共通している。

　働く場所は、老人福祉施設や障害（児）者福祉施設の介護職、介護老人保健施設や医療機関の介護職などが代表的である。保育現場との接点では、育児と介護を同時に抱えた世帯のケース対応（ダブルケア）などで連携・協力することが想定される。

2．社会福祉の関連専門職

(1) 社会福祉主事

　社会福祉主事は、都道府県、市および福祉事務所を設置する町村に置かれ、福祉六法（生活保護法、児童福祉法、身体障害者福祉法、知的障害者福祉法、老人福祉法、母子及び父子並びに寡婦福祉法）に基づく援護、育成、更生の措置に関する業務を担っている。

(2) 看護師

　看護師は、「厚生労働大臣の免許を受けて、傷病者若しくはじよく婦に対する療養上の世話又は診療の補助を行うことを業とする者」（保健師助産師看護師法第5条）と定められている。看護師は一般的にその専門性がイメージしやすい専門職のひとつであり、身近な診療所や病院、老人福祉施設など、医療・福祉施設に欠かせない職種である。

　保育現場においては、乳児が利用する保育所等に配置されており、入所している子どもの健康管理や応急対応、保護者に対する相談支援など、医療現場とは異なる働きも求められている。実際の保育現場では、保育士とともに保育にあたる場面も多いため、日々の連携・協働が求められている。

(3) ケアマネジャー（介護支援専門員）

　ケアマネジャー（介護支援専門員）は、わが国においては介護保険制度の分野で主に活躍しており、高齢者のニーズを充足させるために介護保険サービスをはじめとする地域のさまざまな社会資源を調整する役割を担っている。働く場所は、地域包括支援センター、居宅介護支援事業所、老人福祉施設などである。近年、出産年齢が高齢化していることや、若年の要介護者がいることなど、子育てと親の介護を同時にする世帯（ダブルケア負担の世帯）が

増加している。ダブルケアは、異なるニーズを同時に満たすことが要求されるため、対象分野を超えた専門性が求められる。今後、保育士と連携・協力する機会が増えていくことが予想される。

⑷　ホームヘルパー（訪問介護員）

　虚弱や寝たきり、認知症などの高齢者や障害のある子どもがいる自宅に訪問し、食事や排せつ、着替え、入浴の世話、清拭などを行い、安心して在宅生活が送れるよう援助する職種である。日常生活上の相談や助言についても大きい役割を果たしている。

⑸　スクールソーシャルワーカー

　文部科学省は、スクールソーシャルワーカーの業務について「問題を抱えた児童生徒に対し、当該児童生徒が置かれた環境へ働き掛けたり、関係機関等とのネットワークを活用したりするなど、多様な支援方法を用いて、課題解決への対応を図っていくこと」としている。2008（平成20）年度に文部科学省による「スクールソーシャルワーカー活用事業」が開始されたことを受け、日本ソーシャルワーク教育学校連盟は、社会福祉士等の資格を有し、規定の教育課程を修了した者を「一般社団法人日本ソーシャルワーク教育学校連盟認定スクール（学校）ソーシャルワーク教育課程修了者」として審査・認定し、修了証を交付している。

　いじめや子ども虐待、子どもの貧困問題など、今後、スクールソーシャルワーカーに求められる役割は大きい。保育士との接点では、保育所と小学校が同時にかかわることになるケース（きょうだい）やヤングケアラーの問題、卒園児の対応などが想定される。

　以上、社会福祉にかかわる専門職について述べてきたが、最後に、実際の保育現場において他職種連携や他機関連携が求められていることは強調しておきたい。支援を必要としている家庭に対して、保育士だけ、保育所だけで継続的に適切な支援を行っていくには限界がある。他職種の役割や得意分野を把握しておくとともに、地域においてさまざまな機関や施設と関係をつくっておくことが大切である。

　表10-1で示している通り、子ども家庭福祉分野に関連する専門職では、「家庭相談員」「母子・父子自立支援員」「児童福祉司」「児童心理司」「児童指導員」「母子支援員」「児童の遊びを指導する者」「児童自立支援専門員・児童生活支援員」「家庭支援専門相談員（ファミリーソーシャルワーカー）」

表10-1　社会福祉にかかわる国家資格と専門職

社会福祉の主な国家資格		保育士、社会福祉士、精神保健福祉士、介護福祉士
社会福祉にかかわる専門職	行政関係	社会福祉主事、家庭相談員、母子・父子自立支援員、児童福祉司、児童心理司
	児童関係	児童指導員、母子支援員、児童の遊びを指導する者、児童自立支援専門員、児童生活支援員、家庭支援専門相談員（ファミリーソーシャルワーカー）、スクールソーシャルワーカー
	医療・介護・障害	看護師、保健師、介護支援専門員（ケアマネジャー）、訪問介護員（ホームヘルパー）、医療ソーシャルワーカー、精神科ソーシャルワーカー

「保健師」など様々な場所で働いている。各専門職の詳細については他科目（例えば「子ども家庭福祉」）で学んでほしい。

3　社会福祉専門職の倫理

１．倫理の必要性

　専門職にとって倫理とは「価値を実現するために職務を遂行する際の態度のあり方（行動規範）」であり、その倫理に基づいた「社会福祉専門職としての発言や行動」が期待されている。特に専門職としての倫理が問われる場面として次の３つが想定される[4]。

　１つめは、クライエント（利用者）が被害を受けやすい状態にあるときである。クライエント自身では解決できない課題を抱えていたり、専門的な知識や技術を必要としたりする場面である。

　２つめは、個人情報を得たときである。専門職は通常では知り得ない個人情報を容易に取得する立場にある。これは、専門職がクライエント（利用者）の個人情報を私的に利用できる立場にいることを意味している。知られたくない情報を他者に漏らされることはプライバシーの侵害になるとともに、生命の危険を及ぼす場合もある。

　３つめは、現場で実践をするなかで倫理的ジレンマが生じるときである。実際の現場においては、自分が思い描いていた通りの結果にならないことがよくある。特に、業務のなかには組織（チーム）として取り組まなければな

らない場面が多く、現場職員とのズレや、組織としての限界によって円滑に進めることが難しく葛藤を抱える場合がある。また、子どもや保護者への支援の際に「本当は○○ちゃんにこういうかかわりをしてあげたらよいのに…」と思いながら、目の前の「理想的な親子関係」にない状況にヤキモキすることや、それをうまくサポートできていない自分のなかに葛藤が生じることがある。

　そうした状況のなかで、迷いなくめざすべき方向性やとるべき行動規範を指し示してくれるものが「倫理」（価値）である。自分の実践を「専門職倫理」に照らすことによって、実践の意義を再確認することができる。また、課題の多様化・複雑化が進む実際の現場において、課題を整理するためのひとつの視点や指標を与えてくれたり、自分自身を見つめ直すきっかけを与えてくれたりする。「専門職倫理」とは、いつでも・どこでも・誰にでも、自身を見つめ直す機会を与えてくれる「鏡のような存在」であるといえよう。

　実際の現場では、専門職としての「自己覚知」を「気づき」という言葉で表現することがよくある。保育者が自分の価値観や感情、保護者や現場職員とのズレ、自分の未熟さなどについて「気づく」ことは、実際の支援内容を改善できるだけではなく、「自己の成長」にもつながるのである。

2．各職能団体の倫理綱領

　先に述べた保育士や介護福祉士、社会福祉士などの対人援助の専門職には、必ず、母体となる専門職能団体が中心となって「倫理綱領」を定めている。

　倫理綱領には、めざすべき専門職像、準拠すべき価値観や倫理、行動規範、禁止行為などが明記されており、職業倫理として守らなければいけない要点が示されている。倫理綱領を当該専門職や地域社会に示すことによって、①実践の質の担保、②社会的信用の確保、③価値的判断の指針、④外部規則に対する防備といった機能が果たされている[5]。

　ここでは、「全国保育士会倫理綱領」と「全国児童養護施設協議会倫理綱領」を取り上げ、倫理綱領には具体的に何が記されているのかをみていく。

　全国保育士会倫理綱領は、2003（平成15）年の保育士の国家資格化を受けて、全国保育士会と全国保育協議会が採択した保育・子育て支援の専門職としての決意表明である（p.164参照）。保育士としての全体的な方向性を示した前文の後に、「子どもの最善の利益の尊重」「子どもの発達保障」「保護者との協力」「プライバシーの保護」「チームワークと自己評価」「利用者の代弁」「地域の子育て支援」「専門職としての責務」の8つの柱を掲げている。

全国保育士会倫理綱領

　すべての子どもは、豊かな愛情のなかで心身ともに健やかに育てられ、自ら伸びていく無限の可能性を持っています。

　私たちは、子どもが現在（いま）を幸せに生活し、未来（あす）を生きる力を育てる保育の仕事に誇りと責任をもって、自らの人間性と専門性の向上に努め、一人ひとりの子どもを心から尊重し、次のことを行います。

　　　　　　私たちは、子どもの育ちを支えます。
　　　　　　私たちは、保護者の子育てを支えます。
　　　　　　私たちは、子どもと子育てにやさしい社会をつくります。

（子どもの最善の利益の尊重）
１．　私たちは、一人ひとりの子どもの最善の利益を第一に考え、保育を通してその福祉を積極的に増進するよう努めます。

（子どもの発達保障）
２．　私たちは、養護と教育が一体となった保育を通して、一人ひとりの子どもが心身ともに健康、安全で情緒の安定した生活ができる環境を用意し、生きる喜びと力を育むことを基本として、その健やかな育ちを支えます。

（保護者との協力）
３．　私たちは、子どもと保護者のおかれた状況や意向を受けとめ、保護者とより良い協力関係を築きながら、子どもの育ちや子育てを支えます。

（プライバシーの保護）
４．　私たちは、一人ひとりのプライバシーを保護するため、保育を通して知り得た個人の情報や秘密を守ります。

（チームワークと自己評価）
５．　私たちは、職場におけるチームワークや、関係する他の専門機関との連携を大切にします。
　　　また、自らの行う保育について、常に子どもの視点に立って自己評価を行い、保育の質の向上を図ります。

（利用者の代弁）
６．　私たちは、日々の保育や子育て支援の活動を通して子どものニーズを受けとめ、子どもの立場に立ってそれを代弁します。
　　　また、子育てをしているすべての保護者のニーズを受けとめ、それを代弁していくことも重要な役割と考え、行動します。

（地域の子育て支援）
７．　私たちは、地域の人々や関係機関とともに子育てを支援し、そのネットワークにより、地域で子どもを育てる環境づくりに努めます。

（専門職としての責務）
８．　私たちは、研修や自己研鑽を通して、常に自らの人間性と専門性の向上に努め、専門職としての責務を果たします。

社会福祉法人　全国社会福祉協議会
全 国 保 育 協 議 会
全 国 保 育 士 会

全国児童養護施設協議会　倫理綱領

社会福祉法人　全国社会福祉協議会
全国児童養護施設協議会

原則

　児童養護施設に携わるすべての役員・職員（以下、『私たち』という。）は、日本国憲法、世界人権宣言、国連・子どもの権利に関する条約、児童憲章、児童福祉法、児童虐待の防止等に関する法律、児童福祉施設最低基準にかかげられた理念と定めを遵守します。

　すべての子どもを、人種、性別、年齢、身体的精神的状況、宗教的文化的背景、保護者の社会的地位、経済状況等の違いにかかわらず、かけがえのない存在として尊重します。

使命

　私たちは、入所してきた子どもたちが、安全に安心した生活を営むことができるよう、子どもの生命と人権を守り、育む責務があります。

　私たちは、子どもの意思を尊重しつつ、子どもの成長と発達を育み、自己実現と自立のために継続的な援助を保障する養育をおこない、子どもの最善の利益の実現をめざします。

倫理綱領

1．**私たちは、子どもの利益を最優先した養育をおこないます**
　一人ひとりの子どもの最善の利益を優先に考え、24時間365日の生活をとおして、子どもの自己実現と自立のために、専門性をもった養育を展開します。

2．**私たちは、子どもの理解と受容、信頼関係を大切にします**
　自らの思いこみや偏見をなくし、子どもをあるがままに受けとめ、一人ひとりの子どもとその個性を理解し、意見を尊重しながら、子どもとの信頼関係を大切にします。

3．**私たちは、子どもの自己決定と主体性の尊重につとめます**
　子どもが自己の見解を表明し、子ども自身が選択し、意思決定できる機会を保障し、支援します。また、子どもに必要な情報は適切に提供し、説明責任をはたします。

4．**私たちは、子どもと家族との関係を大切にした支援をおこないます**
　関係機関・団体と協働し、家族との関係調整のための支援をおこない、子どもと、子どもにとってかけがえのない家族を、継続してささえます。

5．**私たちは、子どものプライバシーの尊重と秘密を保持します**
　子どもの安全安心な生活を守るために、一人ひとりのプライバシーを尊重し、秘密の保持につとめます。

6．**私たちは、子どもへの差別・虐待を許さず、権利侵害の防止につとめます**
　いかなる理由の差別・虐待・人権侵害も決して許さず、子どもたちの基本的人権と権利を擁護します。

7．**私たちは、最良の養育実践を行うために専門性の向上をはかります**
　自らの人間性を高め、最良の養育実践をおこなうために、常に自己研鑽につとめ、養育と専門性の向上をはかります。

8．**私たちは、関係機関や地域と連携し、子どもを育みます**
　児童相談所や学校、医療機関などの関係機関や、近隣住民・ボランティアなどと連携し、子どもを育みます。

9．**私たちは、地域福祉への積極的な参加と協働につとめます**
　施設のもつ専門知識と技術を活かし、地域社会に協力することで、子育て支援につとめます。

10．**私たちは、常に施設環境および運営の改善向上につとめます**
　子どもの健康および発達のための施設環境をととのえ、施設運営に責任をもち、児童養護施設が高い公共性と専門性を有していることを常に自覚し、社会に対して、施設の説明責任にもとづく情報公開と、健全で公正、かつ活力ある施設運営につとめます。

2010年5月17日　制定

全国児童養護施設協議会倫理綱領は、2009（平成21）年4月に施行された被措置児童等虐待防止施策（改正児童福祉法）や、社会的養護関係施設職員の資質向上の提言（厚生労働省社会的養護専門委員会）などを受けて、全国児童養護施設協議会が、施設での子どもの安心・安全を守り、養育の向上が図られるよう策定した（p.165参照）。

3．近年の社会福祉の動向

これまで社会福祉分野における専門職の基礎的な点について言及してきたが、本項では最近の政策動向を紹介し、これからの社会福祉の専門性を考えていきたい。

社会福祉全体の動向では、「地域共生社会」の実現に向けて社会福祉法が改正されたことは見逃せない新たな動きである。2017（平成29）年社会福祉法改正では、「地域住民の生活課題を住民や福祉関係者による把握、関係機関との連携等によりその解決を図ること」「市町村における包括的支援体制づくりに努めること」「福祉の各分野における共通事項を地域福祉計画に定め、それを上位計画として位置付けること」が掲げられた。さらに、2020（令和元）年社会福祉法改正では、「地域住民の複雑化・複合化した支援ニーズに対応する市町村の包括的な支援体制の構築の支援（重層的支援体制整備事業）の創設」が明記された。

この動向から福祉の専門職として注目しておきたい点は、①地域住民や様々な関係機関と連携・協力して地域の課題解決を図っていくこと、②子ども、障害者、高齢者、生活困窮者など、対象分野別の支援だけでは限界があること、③②の具体的解決のために、①も含めた市町村における相談窓口や支援体制が見直されることである。地域住民の主体性や住民同士のつながりも視野に入れる必要があり、専門資格だけではなく、「専門職としての役割」についても常に模索する必要がある。

保育分野とのかかわりでいえば、ヤングケアラーやダブルケア*2の問題が考えられ、子どもの相談窓口だけでは解決し難い事例が出てきているため、それらの対応を市町村単位で柔軟に整備していこうとするものである。保育園や認定こども園、その他の児童福祉施設においては、地域の子育て支援が求められており、地域の関係者や団体、地域住民の連携・協力も視野に入れたアプローチも考えられる。

子ども家庭福祉分野における政策動向も大きく変化している。2016（平成

*2　ダブルケア
　狭義には「育児と介護の同時進行」、広義には「家族や親族等、親密な関係における複数のケア関係、またそれに関連した複合的な課題」である[6]。広義では、夫や自分のケア、障害のある兄妹や成人した子どものケアと親のケア、多文化家庭におけるケア、トリプルケアのケースも含む。ダブルケアの特徴は、「介護と育児の異なるニーズを同時に満たすこと」が要求されるため、常にどちらを優先させるかの選択を迫られる。

28）年の児童福祉法改正により、児童が権利の主体として明確に位置づけられ、子どもの意見表明や権利擁護の視点が重要になってきている。専門職として、子どもの意見を大切にすること、そのための環境作りに配慮することが求められる。さらに、2023（令和５）年に施行されたこども基本法では、児童福祉法において「児童」と定義していた「満18歳に満たない者」ではなく、「こども」を「心身の発達の過程にある者」とし、年齢で必要なサポートが途切れないように明文化された。「こども」を年齢で区切らないで包括的に支援できる体制作りが求められており、幅広い専門性が求められていることがわかる。

４．これからの福祉専門職に求められるもの

　近年、世界の政治・経済界において「VUCA」（ブーカ）*3という言葉を用いて、今後の世界の「変動性」「不確実性」「複雑性」「曖昧性」を予測している。「ヒト・モノ・お金・情報」が世界中を行き来するなかで、日本の社会福祉もさまざまな影響を受けていくことは間違いないであろう。

　広い視野をもつことを常に忘れないようにするとともに、実際の保育の現場で専門職として従事する際には、以下の５点をおさえておきたい。

　１つめは、保育や福祉は、個人や家族のニーズから出発した専門的援助ということである。福祉制度の枠組みで対象をとらえ、支援していくには限界がある。多様で複雑な福祉ニーズを適切にアセスメントしていく力が求められる。

　２つめは、対象分野を超えた多職種連携の必要性を常に念頭におくことである。保育士だけで多様な福祉ニーズを抱えた家庭に対応することは困難である。ダブルケアや子どもの貧困問題など、多様な福祉ニーズに対しては、多様な専門職と専門機関がかかわる必要がある。特に福祉職は最も生活者に近い位置にいるため、子どもや保護者の代弁者となり、さまざまな専門職や専門機関の先導役としてコーディネートをすることを求めていきたい。

　３つめは、これまで積み重ねてきた実践を評価し、新たな資源を生みだしていくことである。困難な福祉課題に直面したとしても、何も手を打てないわけではないし、魔法のような改善策が突然現れるわけでもない。これまでの実践を適切に評価し、過去に積み重ねてきたネットワークをもとに新たな資源を積極的に生みだしていくことが求められる。

　４つめは、周りの環境への働きかけである。保育士は、子どもの発育・発達に応じた保育を行うことが主たる業務ではあるが、地域社会や国・地方公

*3　VUCA（ブーカ）とは、Volatility（変動性）、Uncertainty（不確実性）、Complexity（複雑性）、Ambiguity（曖昧性）という４つのキーワードの頭文字からとった造語で、予測困難な状況にある現代の社会経済環境を表現している。2016年に行われた世界経済フォーラム（ダボス会議）において頻繁に使われた言葉として注目を浴びた。

共団体の制度・施策に対する関心と働きかけも忘れてはならない。

　5つめは、情報の特性の理解とICT（情報通信技術）の活用である。福祉現場で得る個人情報の取り扱いには十分に注意することと、日々発達していくICTの知識・技術は身につけておくことが求められる。これからの専門職は、「情報」を扱う仕事であることを認識し、「情報の量と質によって支援の量と質が変わること」も意識しておかなければならない。

〈引用文献〉
1）千葉茂明編『新・エッセンシャル子ども家庭福祉論』みらい　2020年　p.237
2）同上書　p.238
3）同上書　pp.239－240
4）社会福祉士養成講座編集委員会『相談援助の基盤と専門職』中央法規出版　2015年　p.139
5）同上書　pp.140－141
6）相馬直子・山下順子「ダブルケアとは何か」横浜市総務局調査室『調査季報』178号　2016年　pp.20－25

〈参考文献〉
井村圭壮・今井慶宗編著『保育実践と家庭支援論』勁草書房　2016年
保育福祉小六法編集委員会編『保育福祉小六法』みらい　2023年
二木立『地域包括ケアと福祉改革』勁草書房　2017年
髙井由起子編著『わたしたちの暮らしとソーシャルワークⅡ―相談援助の理論と方法―』保育出版社　2016年
厚生労働省「地域力強化検討会最終とりまとめ～地域共生社会の実現に向けた新しいステージへ～」2017年
https://www.mhlw.go.jp/file/05-Shingikai-12201000-Shakaiengokyokushougaihokenfukushibu-Kikakuka/0000177049.pdf

第11章

●●● 保育士とソーシャルワーク ●●●

キーポイント

　近年、少子高齢化および核家族化が進み、家庭における養育力が低下している。それを補足するために、子育ての社会化が進み、ひとり親世帯、共働き世帯等において、保育の需要が増加している。そこで地域における支え合いの力が再注目されている。そのなかで、子育て支援の専門家である保育士は、地域のなかで子育て支援や子育て支援のサポーターとして子育て中の家族にアドバイスをしたり、地域に出向き地域の子育てに関する行事のコーディネートをしたりする役割が期待されている。

　地域には虐待や貧困をはじめとした複雑な環境のなかで育っている子どもたちが増えており、親の子育ての悩みの背景には、福祉的課題が隠れていることが大いにある。

　保育士は保育の専門家であると同時に、福祉の専門家でもある。そのため、子どもの問題だけでなく、保護者の支援にも目を向ける必要がある。このような福祉的課題をもつ子どもや保護者に対して行う支援においては、ソーシャルワークの知識や技術が有効である。

　本章では保育士がソーシャルワークを担う意義を説明し、ソーシャルワークの専門知識や技術を学ぶ。そしてこれらを駆使して、保育士がソーシャルワークを行うことの有効性について、具体的状況を交えながら述べる。

1　保育士に求められる役割の拡大

1．ソーシャルワークを担う保育士

　2003（平成15）年の児童福祉法の一部改正により、保育士について「保育士の名称を用いて、専門的知識及び技術をもって、児童の保育及び児童の保護者に対する保育に関する指導を行うことを業とする者をいう」（第18条の4）と規定され、保育士が、保育に関する専門的知識と技術を兼ね備えた専門家であることが法的に明記された。これにより、保育士の業務にこれまで

の子どもの日常生活への直接的な支援・援助を行うケアワークとしての「児童の保育」だけでなく、「児童の保護者に対する保育に関する指導」が加えられた。ここでいう「指導」の解釈としては、保護者と同じ目線に立ち、「子どもを巡る諸問題・諸課題に対して、その社会的背景や原因を究明し、その解決・緩和をはかる」というソーシャルワークの観点を用いて諸問題・諸課題をとらえることの重要性についても示されることになった。そのため、子どもを中心に、子育て中の保護者が抱える悩みについても福祉的な支援ができるように、子どもと保護者の一番身近にいる保育士が子どもを巡る諸問題・諸課題をとらえ解決を図るにあたり、ソーシャルワークを用いることを社会から期待されるようになったのである。

2．保育士の専門性

　児童福祉法第18条の4の規定を踏まえ、保育士の専門性については、「①これからの社会に求められる資質を踏まえながら、乳幼児期の子どもの発達に関する専門的知識を基に子どもの育ちを見通し、一人一人の子どもの発達を援助する知識及び技術、②子どもの発達過程や意欲を踏まえ、子ども自らが生活していく力を細やかに助ける生活援助の知識及び技術、③保育所内外の空間や様々な設備、遊具、素材等の物的環境、自然環境や人的環境を生かし、保育の環境を構成していく知識及び技術、④子どもの経験や興味や関心に応じて、様々な遊びを豊かに展開していくための知識及び技術、⑤子ども同士の関わりや子どもと保護者の関わりなどを見守り、その気持ちに寄り添いながら適宜必要な援助をしていく関係構築の知識及び技術、⑥保護者等への相談、助言に関する知識及び技術」[1]であると明記された。

　保育士がソーシャルワークを活用することには多くのメリットがある。子どもに直接援助する役割であるため、何か子どもに異変があれば一早く気づき早期発見することができる。また、保護者からの様々な相談にのることが多く、家庭における子育ての悩みを聞くなか、よりその背景に隠れている福祉的課題の存在にも気づくことができる。そうすることで家庭内外において、子どもにとってよりよい環境を整えることができ、結果としてよりよい育ちを支えることにもつながる。そのため、ソーシャルワークの機能を取り入れた保育所機能の拡充を図ることが求められている。また保育所で働く保育士一人ひとりが積極的にソーシャルワークを理解し、専門的な知識の向上と技術の習得のために学ぶこと、そして保育現場でそのソーシャルワークの機能をうまく活用し、福祉的課題の解決を図ることが期待されているのである。

2　ソーシャルワークとは何か

1．ソーシャルワークとは

　社会福祉は、制度としての社会福祉と実践としてのソーシャルワークの両方で成り立っている。はじめに制度としての社会福祉とは、私たち一人ひとりの人権が尊重され、尊厳ある生活を実現するために、私たちの日々の生活を安定させる、あるいは起こった生活問題を解決するためにつくられた社会資源のことを示す。ここでいう社会資源とは、社会福祉法、児童福祉法などの法律、社会保障などの制度、保育所、児童養護施設、児童相談所などの施設・機関や、社会福祉士、保育士といった援助専門職などのことである。

　また、ソーシャルワークとは、ソーシャルワーカー（ソーシャルワークの担い手）が、生活上の何らかの困難を抱える利用者に対し、さまざまな社会資源を利用しながら利用者の抱える課題や問題の解決を図り、人権や尊厳ある生活を守るために行う援助活動のことをいう。

　そのうち保育士が行うソーシャルワークとは、子どもを対象に行うものだけでなく、保護者も含めたすべての子育て家庭を対象にしたものである。たとえば、子育て家庭が抱えている課題を保育士が中心となって解決したり、ほかにもさまざまな支援活動を通して、子育てしやすい環境に整えたり、問題の軽減に尽力したりすることで、子育てを地域で支えることをめざすものである。

2．ソーシャルワークの意義

　ソーシャルワークの定義は、国際ソーシャルワーカー連盟と国際ソーシャルワーク学校連盟が採択した「ソーシャルワーク専門職のグローバル定義」が、最も用いられている。

> ソーシャルワークは、社会変革と社会開発、社会的結束、および人々のエンパワメント*1と解放を促進する、実践に基づいた専門職であり学問である。社会正義、人権、集団的責任、および多様性尊重の諸原理は、ソーシャルワークの中核をなす。ソーシャルワークの理論、社会科学、人文学、および地域・

*1　エンパワメント
　ソーシャルワークにおいて、社会的に不利な状態にある者が自ら抱える問題を主体的に解決しようとする力を引き出すこと。利用者自身が潜在的にもっている強さ、問題解決能力に焦点を向け、その力を促進しようとする。

171

> 民族固有の知を基盤として、ソーシャルワークは、生活課題に取り組みウェルビーイングを高めるよう、人々やさまざまな構造に働きかける。

　この定義は日本でも参考にされており、世界に先駆けて少子高齢社会を経験し、個人・家族から政治・経済にいたる多様な課題に向き合っている日本において展開したものが、下記に示す「ソーシャルワーク専門職のグローバル定義の日本における展開」である。日本でのソーシャルワークにおいてもこの取り組みを重要視しており、その内容からソーシャルワークの意義や役割を読み取ることができる。

> ・ソーシャルワークは、人々と環境とその相互作用する接点に働きかけ、日本に住むすべての人々の健康で文化的な最低限度の生活を営む権利を実現し、ウェルビーイングを増進する。
> ・ソーシャルワークは、差別や抑圧の歴史を認識し、多様な文化を尊重した実践を展開しながら、平和を希求する。
> ・ソーシャルワークは、人権を尊重し、年齢、性、障がいの有無、宗教、国籍等にかかわらず、生活課題を有する人々がつながりを実感できる社会への変革と社会的包摂の実現に向けて関連する人々や組織と協働する。
> ・ソーシャルワークは、すべての人々が自己決定に基づく生活を送れるよう権利を擁護し、予防的な対応を含め、必要な支援が切れ目なく利用できるシステムを構築する。

3．ソーシャルワークの原理

(1) 倫理綱領における原理

　ソーシャルワーカーがソーシャルワークを行うにあたり心得ておく原則として、ソーシャルワーカーの倫理綱領がある。これは、日本国憲法第25条で定められている生存権（「すべて国民は、健康で文化的な最低限度の生活を営む権利を有する」）の確保の一端を担う専門職として守らなければならないものであり、そこに高い専門性と価値基準が置かれているのである。倫理綱領のなかでも重要なものとしてここでおさえておきたいことは「原理」である。ここでは日本ソーシャルワーカー協会が掲げている倫理綱領のなかの「原理」について紹介する（表11－1）。

表11−1　倫理綱領のなかの「原理」

> Ⅰ（人間の尊厳）
> ソーシャルワーカーは、すべての人々を、出自、人種、民族、国籍、性別、性自認、性的指向、年齢、身体的精神的状況、宗教的文化的背景、社会的地位、経済状況などの違いにかかわらず、かけがえのない存在として尊重する。
> Ⅱ（人権）
> ソーシャルワーカーは、すべての人々を生まれながらにして侵すことのできない権利を有する存在であることを認識し、いかなる理由によってもその権利の抑圧・侵害・略奪を容認しない。
> Ⅲ（社会正義）
> ソーシャルワーカーは、差別、貧困、抑圧、排除、無関心、暴力、環境破壊などの無い、自由、平等、共生に基づく社会正義の実現をめざす。
> Ⅳ（集団的責任）
> ソーシャルワーカーは、集団の有する力と責任を認識し、人と環境の双方に働きかけて、互恵的な社会の実現に貢献する。
> Ⅴ（多様性の尊重）
> ソーシャルワーカーは、個人、家族、集団、地域社会に存在する多様性を認識し、それらを尊重する社会の実現をめざす。
> Ⅵ（全人的存在）
> ソーシャルワーカーは、すべての人々を生物的、心理的、社会的、文化的、スピリチュアルな側面からなる全人的な存在として認識する。

出典　日本ソーシャルワーカー協会ウェブサイト「倫理綱領」
　　　http://www.jasw.jp/about/rule/

　つまり「原理」とは、「人間の尊厳」と「社会正義」をソーシャルワークの価値とするものであり、「人間の尊厳」の尊重と「社会正義」の実現に貢献することがソーシャルワークの原則なのである。

(2)　バイスティックの7原則

　対人援助にかかわる援助者の行動規範として、代表的なものにバイスティック（F. P. Biestek）の7原則がある。これは、援助者と利用者との援助関係で最も大切な基本的要素を示したものである。具体的には、①個別化（利用者を個々人としてとらえる）、②意図的な感情の表出（利用者の感情表現を受けとめる）、③統御された情緒関与（援助者は自分の価値基準を自覚し感情を統制する）、④受容（ありのままを受け止める）、⑤非審判的態度（援助者の価値観で利用者を一方的に非難してはいけない）、⑥利用者の自己決定（決めるのは利用者自身である）、⑦秘密保持（知り得た情報の秘密は絶対に守る）である。援助者として利用者の相談に乗る際は、このバイスティックの7原則の考え方を遵守しながら、ソーシャルワークを行うことが大切である。

3　ソーシャルワークの方法と展開

１．ソーシャルワークの方法

⑴　ソーシャルワークの方法

　ソーシャルワークの方法は、①直接援助技術、②間接援助技術、③関連援助技術に分かれており、これらが相互に作用し、補完し合っている。

　直接援助技術では、個別援助技術（ケースワーク）と集団援助技術（グループワーク）が代表的であり、援助者が個人や家族、小集団に直接対面的に働きかけて、援助・介入することが特徴である。

　間接援助技術とは、直接援助技術の実践の前提になる社会資源の調整、整備、改善、開発や地域社会へのアプローチのことで、地域援助技術（コミュニティワーク）、社会的活動（ソーシャルアクション）、社会福祉計画（ソーシャル・ウェルフェア・プランニング）、社会福祉調査（ソーシャルワーク・リサーチ）、社会福祉運営管理（ソーシャル・ウェルフェア・アドミニストレーション）などがある。

　関連援助技術では、スーパービジョンやコンサルテーション、ネットワーキング、カウンセリングなどがある。これらは直接援助技術や間接援助技術を進めていくうえで併用されていることが多い。

⑵　ジェネラリスト・ソーシャルワーク

　ジェネラリスト・ソーシャルワークとは、人間の生活全体をさまざまな角度から包括的にとらえ、人間と環境との間の相互作用、交互作用を重要視し、社会との関係を踏まえて援助を行うための実践体系の枠組みを示している。

　これまでの援助技術を統合的に用いながら、総合的に問題をとらえることができるジェネラリスト・ソーシャルワークの視点は、①複雑化、深刻化する生活問題に対応するため、②伝統的な方法の区分が対象者の問題や対応を分断することに問題を感じたことから考えられたものである。現在、個別の問題解決と地域福祉の推進を一体的に推進していくことが現場で専門職に期待されているため、積極的に展開されるようになった。

　たとえば、子ども虐待などは、子どもへの支援や課題解決だけでなく、お互いに影響しあう関係にある家族・集団・地域社会などの多様な環境を視野に入れたソーシャルワークを行う。そのため、ケースワーク（子どもや家族

への支援）、グループワーク（施設・保育の場における集団への支援）、コミュ
ニティワーク（地域社会の子育て支援や虐待問題などへの関与）を統合的に
用いながら支援を行う。ジェネラリスト・ソーシャルワークは、現代のソー
シャルワークのスタンダードな考え方として取り入れられているのである。

２．ソーシャルワークの展開過程

⑴　ソーシャルワークの展開

　ソーシャルワークは、相談や支援のはじまりから終結までの一連の流れの
なかで進められる。①ケースの発見、②インテーク、③アセスメント、④プ
ランニング、⑤支援の介入、⑥モニタリング、⑦評価・終結までの段階的な
展開過程がある（図11－1）。

図11－1　ソーシャルワーク（相談援助）の展開過程

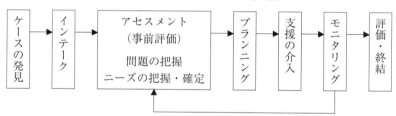

出典　橋本好市・宮田徹編『保育と社会福祉（第3版）』みらい　2019年　p.188を
　　　一部改変

⑵　ソーシャルワークの展開過程

①　ケースの発見

　ケースの発見とは、利用者が自ら相談にくる場合と、自らは問題とは感じ
ておらず、ソーシャルワーカーがその問題を発見し、利用者に問題状況を認
識してもらうところから支援がはじまる場合がある。つまり、問題を認識し、
ソーシャルワーカーとの接点をつくる段階である。

②　インテーク

　インテークとは、ソーシャルワークの過程における最初の面接の段階をい
う。この段階で行われる面接のことをインテーク面接といい、インテーク面
接で得られた情報は、今後の支援の展開を方向づける重要な役割をもつため、
ここで受け入れるか否かの判断を慎重に行うことが大切なのである。

③　アセスメント

　アセスメントとは、利用者の抱える問題状況を全般的に把握、理解する段

階のことである。その他には、利用者のパーソナリティや、利用者をめぐる状況について、その性質、原因、推移の仕方、予後のあり方などを評価し、査定することである。

④　プランニング

　プランニングとは、利用者と支援の目標を立て、支援の対象についての合意を図るところから終結に至るまでの具体的な支援計画を立案し、この支援計画で良いか確認をしたり、合意を図る段階のことを示す。ここで大切なことは、利用者の支援計画への参加と知る権利が十分に保障されていることである。

⑤　支援の介入

　支援の介入とは、実際に利用者の抱えている問題に対して、必要に応じてソーシャルワーカーが利用者に対して働きかけ利用者の変化を促したり、問題の解決を図ったりする段階のことをいう。利用者自身に焦点をおき、利用者の抱えている問題解決を図る方法を直接援助といい、利用者に問題状況をもたらす環境的要因の改善を図ることを間接援助という。

⑥　モニタリング

　モニタリングとは、問題解決、目標達成における遂行の監視、評価、再検討の援助のことをいう。ソーシャルワーカーは、問題解決や課題の遂行が成功した場合は、それを評価し、十分でない場合は、再度アセスメントを行い、問題状況などを確認する。

⑦　評価・終結

　評価とは、最終的な評価のことで、ケースの目標達成の度合いや支援の効果測定を行った上で、その支援を終結するか否かを判断する段階である。また、終結をする際は、こうした評価がなされた後、利用者の問題解決が図られ、目標達成ができたと判断された場合に行う。

4　ソーシャルワーカーとしての保育士の機能

1．保育士がソーシャルワークを活用する利点

　保育士が、その立場を生かして、保育実践や、保護者や地域の子ども支援でソーシャルワークの知識や技術を活用するとさまざまな利点が生まれる。日常的に子どもや保護者に接しているため、子どもの抱える問題を早期発見

でき、問題があるときは保護者とのコミュニケーションが図りやすいことも利点のひとつである。

　保育士は、日々の保育の場面において、一人ひとりの子どもの心身の変化（身体に殴られたようケガがある）や問題（暴力的な言動が著しい）などに一早く気づくことができる。そのため、そうした異変に気づきやすく早期に問題を発見し、適切な支援につなげていくことが可能である。このような問題を抱えた子どもへの支援にかかわることで、保護者の家庭での子育てに適切なアドバイスができたり、子どもにとってよりよい環境を築くことにもつながるのである。

　また、保護者にとって保育士は、身近な専門職であり、コミュニケーションがとりやすく、子育てをするうえでの悩みや子どもの発達、健康上の不安、経済的問題などについて相談しやすい身近な専門職であるといえる。一方で、保護者から相談がないにしても、保育士からみて支援が必要であると思えること（子どもの育ち、親子の関係、家庭状況）については、保育士から保護者にアドバイスをして、保護者に問題となる点について、気づきを促すこともできる。

　さらに、保育士には保育所を利用している子どもと保護者だけでなく、地域で子育てをしている保護者にも焦点を当て、視野を広げて支援をすることが求められている。保育所は地域における子育て支援の拠点となる専門機関として位置づけられており、地域子育て支援において重要な役割を担うため、より積極的に支援に取り組むことが必要なのである。保育士は、子どもに関する専門職として、地域における子育て支援ネットワークの機能を支えるキーパーソンとしての活躍も期待されている。

2．保育所とソーシャルワーク

⑴　地域の子育て支援

　「保育所保育指針」には、保育所の地域の子育て支援についても明示されている。保育所は、保育所を利用していない子育て家庭も含めた地域での子育て支援の拠点として、他の関係機関、サービスと連携しながら、保育所の機能や特性を生かした支援を行う。具体的には、保育所機能の開放、保育士による子育て相談、子育て家庭の交流の場の提供（地域の子育てサロンの会場）およびグループワークを用いたコミュニケーションの促進、子育て情報の提供、一時保育などが行われている。このなかで、保育所や保育士に期待されているのが、子育て相談や子育て情報の提供、利用者同士の交流の促進

による保護者同士の交流のきっかけづくりである。

　保育士は、保育所を軸にしながら、地域に出向いたり、子育て支援や子育てしやすい環境について意見を言ったり、調整をしたりすることもある。その際は、保育士の役割や専門性を生かしながらソーシャルワークの知識や技術を活用し、子育て支援に関する制度やサービスを紹介したり、地域での子育て課題や地域社会と家庭との連携をみんなで考えたり、よりよい子育て環境を整備していくことが求められる。場合によっては、制度や仕組みを変革する取り組みも必要となるため、国や都道府県、市町村に働きかけることも大切になってくる。

(2)　通所している保護者への子育て支援

　保育所を利用できる要件は、児童福祉法において「監護すべき乳児、幼児その他の児童について保育を必要とする場合」と規定されており、その事由を保護者の労働または疾病その他の事由[*2]としている（児童福祉法第24条）。

　いずれにしても保護者は大変困った状況にあるので、何らかのきっかけがあると、自分ひとりで抱え込み、うまく対処することができず、一気に深刻な生活状況に進展することがある。その場合、解決すべき問題はひとつではなく、複雑に絡み合っているため、本人のみでの解決が難しい状態に発展してしまうケースがある。保育士は、保育の専門職として、子どもの養育環境を整えるべく、子育て相談にのることからはじめ保護者の抱えている問題に寄り添い、必要に応じて、問題が解決するように支援したり、情報提供を行ったり、サービスにつなげたりすることが大切である。

　ただし、保育所や保育士はソーシャルワークを中心に行う専門機関や専門職ではないことを留意したうえで、支援を行うことを忘れてはならない。そのため、保育所だけでは解決し得ない問題であると判断した場合は、他機関や他専門職と連携をしながらサポートを行い、場合によっては適切なサポート機関につなぐことが必要なのである。

3．保育士がソーシャルワークを活用する具体的状況例

(1)　子どもの養育への相談

　保育士は、保護者から、子どもの発達面における心配や不安、家庭生活での養育の難しさから生じる問題などの相談を、日常のさまざまな場面でもちかけられる。保護者が抱えている心配や不安に対し、保護者の気持ちを受けとめながら相談、助言、行動見本の具体案を提示することになる。そのため

保育士は、ソーシャルワークの原理、知識、技術等への理解を深めたうえで問題を発見したり、ニーズを見極め、具体的な支援につなげたりすることが期待されている。また、保育の専門知識や技術では解決し得ない問題については、関係機関や専門職との連携を密にしながら、その専門性の範囲と限界を熟知し、丁寧な対応を心がけていくことが不可欠である。

(2)　子ども虐待

　子ども虐待は、2021（令和3）年の児童相談所における相談対応件数が全国で20万7,660件と、年々増加の一途をたどっている。保育士は子どもにとって一番身近な専門職であるため、日頃の子どもの様子や、保護者からの相談内容・状況から、その可能性について気づくことができる立場にある。

　もし子どもたちの様子から子ども虐待を発見したときは、すぐに子ども虐待における第一義的な機関である児童相談所に相談・通告し、調査してもらう必要がある。また、介入の必要があるときは、関係機関と協力して解決する体制を整えることが必要である。それから児童相談所の調査（一時保護所での観察）、措置（児童養護施設への入所など）、措置解除（施設からの退所）の支援や、長期にわたる子どもへの心理的ケア、また保護者への個別支援を関係機関と連携・協力しながら行うことが求められる。

　その後、児童相談所で在宅支援が可能であると判断された場合は、引き続き保育所も子どもの見守りの協力を要請されることがある。その際に保育士は、子どもが安心できる保育環境を提供し、子どもが抱える問題と向き合いながら、自尊感情を育てるかかわり方を心がける必要がある。

(3)　子どもの障害

　障害のある子どもに対する支援では、統合保育や並行通園などがある。障害のある子どもに対する専門的なケアを中心とした施設で行うサポートや、障害のない子どもと一緒に保育所に通い、同じ生活をするなかで、障害の程度に応じて加配保育士がついて保育を受けることもできる。障害のある子どもに対する支援はもちろんだが、ほかの子どもと関係を調整したり、保護者への支援も丁寧に行うことが必要である。その際に、保育士は、障害に関する知識を身につけ、適切な言葉がけや対応をしていくことが求められる。さまざまな専門機関や専門職との連携は不可決であり、その子どものかかりつけの病院の医師や看護師、地域の保健所の保健師などの医療専門家のほか、子どもを支えるために関係機関と連携しながらその子どもと家庭に応じたサポートをする必要がある。

また、保育所に通う年齢では、親自身もまだ障害受容ができていないこともある。そのときは、保育士の言動や行動が、子どもや保護者の心を傷つけ、その後の子育てに大きな影響を与えることもある。そのため、保育士は専門職として高い倫理観を身につけ、子どもや保護者への対応には使用する言葉、行動などを含めて、十分に注意を払わなければならないのである。

(4)　子どもの貧困

　近年、子どもの貧困が社会問題になっている。そのため、子どもの貧困対策を総合的に推進するために、2013（平成25）年に「子どもの貧困対策の推進に関する法律」が制定された。

　子どもの貧困の背景には、保護者の経済的困窮の状態がある。保護者を支える施策には、生活経済基盤を支えるための社会福祉制度が準備されている。そこで保育士は、保護者から社会福祉にかかわる相談があったときは、それらの問題への相談に対応できる相談機関があることを伝える。併せて具体的な支援には生活保護や各種手当など、金銭の給付や貸与、現物給付（サービス）等の社会資源などもあることを情報提供する。また、必要があれば各市町村にある福祉事務所をはじめ、各種専門機関につなぐことが求められる。

(5)　ひとり親家庭

　現在統計上では、結婚した夫婦の3組に1組が離婚している状況があり、さまざまな事情から、ひとりで子育てをすることになったひとり親家庭が増えている。近くに支えてくれる近親者がいない場合、ひとりで問題を抱え込みやすくなるため、いつの間にか多様な問題が重なってしまうことがある。そのとき、保護者は、身近にいる保育士に信頼をおき、育児相談のほか、さまざまな家庭の相談をすることがある。

　そうした場合、保育士は身近に相談できる専門職として、保護者の悩みに寄り添い、保護者の抱えている問題を一緒に考え、問題解決に向けて支援することが期待されている。保育士には、地域における子育て支援サービスや子育てサークルを紹介したり、保護者同士でつながることを勧めたり、ひとり親家庭が福祉制度を活用しながら生活基盤を整えることができるように、保護者の子育て負担が軽減されるような子育て支援を充実させることが求められている。

(6)　保護者の精神的不調

　「保育を必要とする」という事由のひとつに保護者の疾病がある。これは

身体の病気やケガだけでなく、精神的不調や中途の障害も含まれている。昨今は、ストレス社会とよばれ、それらの不調や障害を抱えながら育児を行っているケースが増えている。保護者は、心身の不調から育児が思うようにできずネグレクト（育児放棄）になったり、時には子どもが不調をきたし不登園に陥ったりすることもある。このことで、子どものさまざまなケアができなくなって、清潔感がなくなったり、心が不安定になったり、さまざまな問題行動につながることがある。

　その場合保育士は、保護者のできないことを指摘したり、保護者の急な行動の変容をせかして不安にさせるのではなく、保護者の行動を「しない」ととらえずに、今は「できない」という気持ちを理解し、気長に焦らせないような支援をすることが大切である。また、病気に対する偏見を助長させるような言動もつつしまなくてはならない。時には対応している保育士もコミュニケーションがとりづらいと感じることもあるかもしれないが、保護者の立場に立ち、無理のない子育て環境の調整を保護者と一緒に考えながら行うことが必要である。子育て環境の調整についても、ソーシャルワークのさまざまなアプローチを活用しながら、多様な視点で今後の保護者の養育力にかかわる可能性を見据えながら、適切な社会資源を紹介したり、関係機関につないだりすることが大切である。

4．ファミリーソーシャルワーク

　近年、児童養護施設に入所する理由として子ども虐待が増加している。児童養護施設では、虐待を受けた子どもの心理的課題に対するかかわりや子どもが表出するさまざまな行動への対応をはじめ、入所後の親子関係の調整、家庭復帰の困難さ、問題を抱えた子どもへの自立支援の難しさなど、これまでの方法では対応できない多くの生活上の課題が生じている。子どもや家族を取り巻く環境がますます多様化・複雑化しているなかで、そうした子どもや家族の生活支援や、施設退所後の子どもに対する継続的な相談・支援をしたり、児童相談所などの関係機関との連絡・調整などを行うことをファミリーソーシャルワーク（家族支援）という。

　近年児童福祉施設のなかでも、乳児院、児童養護施設、児童心理治療施設および児童自立支援施設などで、心理面の問題を抱えた子どもたちが多くなっており、対応に苦慮する面が増えてきた。そのため施設の職員が、子どもたちの問題に多面的に深くかかわることが難しくなっており、子どもの家族との関係調整については、家庭支援専門相談員（ファミリーソーシャルワー

カー）が対応することになった。ファミリーソーシャルワーカーは、子ども
と家族の関係の再構築、入所している子どもの保護者に対する子どもの早期
家庭復帰や里親委託のための相談・指導、退所後の子どもの継続的な相談・
支援などを行っている。保育士は、ファミリーソーシャルワーカーと連携し
て、入所している子どもの心のケアや保護者へのサポートなどに取り組み、
早期の家庭復帰などの支援を行っている。

5．レジデンシャル・ソーシャルワーク（施設生活支援）

　レジデンシャル・ソーシャルワークとは、入所型社会福祉施設において入
所者に対して行われる生活支援をはじめとしたさまざまな支援のことを指す。
　保育士がかかわる入所型社会福祉施設とは、乳児院や児童養護施設、障害
児入所施設などがある。
　レジデンシャル・ソーシャルワークが取り組むべき生活課題は、①再び施
設の外で暮らすために取り組む必要がある課題、②施設での暮らし自体を、
可能な限り、地域での普通の暮らしに近づけるために取り組む必要がある課
題、③個別的な生活課題（障害への対応、対人関係の調整、社会生活上の技
能の習得、心身の安定、家族との関係調整など）がある[2]。
　児童養護施設などの入所施設が果たすべき機能・役割は、虐待を受けた子
どもの増加や社会的支援を必要とする保護者・家族の増加をはじめ、社会情
勢を踏まえて多様化している。そうした中で、レジデンシャル・ソーシャル
ワークも多様化したニーズに応えるべく、専門職の連携と協働がいっそう重
要視されている。また施設において子どもへの日常生活のケアに携わる保育
士も、個々人の人権を意識した適切なかかわりや配慮を忘れてはならない。

5　保育士が行うソーシャルワークの課題と展望

　保育士の仕事は、国家資格であるため、保育の専門家であるのと同時に、
子どもの保育や保護者への支援、また地域の子育て家庭などへの支援も求め
られるようになり、社会からの期待とともに、ますますその役割が増加して
きた。
　しかし、子どもの虐待や貧困、障害など複雑な背景をもつ問題も増えてき
ており、複合的な問題になると、担当保育士だけでは解決することができな

い。そうした場合に、問題に応じた関係機関と連携したり、関係機関のソーシャルワーカーからサポートを受けたり、支援の方法について研修を受けたり、ソーシャルワークの専門知識や技術を身につけたりと、ソーシャルワークを行ううえでの質的向上に努めなければならないのである。そのため保育士は通常の子どもの保育のほか、関係機関との連携、研修等での専門知識・技術の向上にかかる時間、費用の確保が課題となっている。また、相談にかかる際の保育士の人員配置、ソーシャルワーカーの招聘にかかる費用等を制度的に保障する必要もある。

　その他にも、幼児教育・保育料の無償化が実施され、子育てにかかる費用負担は家計に大きくのしかかっている。負担軽減のための措置や、その方策を考えるとともに、地域の支え合いの力を復活させる必要がある。地域とのつながりを再構築し、かつての「お互いさま」のさまざまな地域活動とともに、安心で安全な地域を、住民が協力してつくり出す必要がある。近年は地域の相互扶助の機能は縮小傾向にあるが、子育て支援の取り組みを通して、より密に地域における総合的な子育て支援ネットワークの仕組みを整えることも同時に求められているといえる。

〈引用文献〉
1）内閣府・文部科学省・厚生労働省「幼保連携型認定こども園教育・保育要領、幼稚園教育要領、保育所保育指針　中央説明会資料（保育所関係資料）」（平成29年7月）pp.17－18
2）中村剛「社会福祉施設におけるソーシャルワークの理論的枠組みと実践―ジェネラリスト・ソーシャルワークを基盤とした理論的枠組みと実践―」『関西福祉大学社会福祉学部研究紀要』第14巻第1号　関西福祉大学社会福祉学部研究会2010年　p.81

〈参考文献〉
石田慎二・山縣文治編著『社会福祉［第5版］』ミネルヴァ書房　2017年
志濃原亜美編著『みらい×子どもの福祉ブックス　社会福祉』みらい　2020年
松原康夫・圷洋一・金子充編著『新・基本保育シリーズ　社会福祉［第2版］』中央法規出版　2022年
西村昇・日開野博・山下正國編著『七訂版　社会福祉概論―その基礎学習のために―』中央法規出版　2022年
井元真澄・坂本健編著『シリーズ・保育の基礎を学ぶ　実践に活かす社会福祉』ミネルヴァ書房　2020年
木村容子・小原眞知子編著『しっかり学べる社会福祉　ソーシャルワーク論』ミネルヴァ書房　2019年
小口将典・木村淳也編著『最新・はじめて学ぶ社会福祉　ソーシャルワーク論―理論と方法の基礎―』ミネルヴァ書房　2021年

第**12**章

● ● ●　利用者の権利擁護とサービスの質　● ● ●

キーポイント

　　保育士は、専門職としてのさまざまな目標や願いをもって、子どもや保護者、さらには社会とかかわり合う。そのなかで、人権擁護や権利擁護（アドボカシー）など、利用者や当事者の権利をまもることは最も基本的な目標である。そこで、利用者や当事者の暮らしにおいて権利がどのようなはたらきを担っており、それがどのような内容によって構成されているのかを確認してみたい。そのうえで、福祉専門職として利用者や当事者の権利を擁護する方法について考えていく。

　　利用者や当事者は福祉サービスの単なる受け手（受動的存在）ではなく、サービスの選択はもとより、自分らしい生き方を主体的につくり出していく存在である。そのために、近年、サービスの選択（さらに契約）をはじめ、本人の自律や自己決定を支える権利擁護の仕組みやサービスの導入が図られてきた。サービスの利用過程において、本人主体の生き方を支える権利擁護サービスの内容について確認していく。

　　本章の学びを通して、子どもや利用者が人間らしく、さらに自分らしく生きていくことを支える権利擁護の意義と、その多様な方法について理解してほしい。

1　権利擁護の射程

1．人間の基本的な権利とは何だろうか

(1)　人間の基本的な権利

　「権利」という言葉は日常的に用いられているが、社会福祉の文脈ではこの用語をどのように理解できるのか。法律学の辞典を通して権利と人権の意味を確認してみると、権利とは「一定の利益を請求し、主張し、享受することができる法律上正当に認められた力」[1] のことであり、一方の（基本的）人権とは「人間が人間である以上、生まれながらに当然にもっている基本的

な権利」[2] として示されている。

　それでは社会福祉はどのようなはたらきを担っているのか。社会福祉は、自律的で自由な人格を兼ね備えた人間の尊厳（human dignity）をまもり、人間としてふさわしい生活水準を確保することを通して、人々の生活や生き方を支えていく実践である。このように、社会福祉は人間の基本的な権利である人権をまもるという大切なはたらきを担っていることから、まずは人権の視点から権利擁護の内容について考えていく。

⑵　憲法にみる「生存権」と「自由権」

　こうした人間の基本的な権利は、どのようにして担保されているのだろうか。そのはたらきを第一義的に担っているのが日本国憲法である。憲法第11条では、「国民は、すべての基本的人権の享有を妨げられない。この憲法が国民に保障する基本的人権は、侵すことのできない永久の権利として、現在及び将来の国民に与へられる」と規定されている。そして、憲法に定められた基本的人権のうち、社会福祉と最も深いかかわりのある条文が憲法第25条と第13条である。

日本国憲法

第25条（生存権）

①すべて国民は、健康で文化的な最低限度の生活を営む権利を有する。

②国は、すべての生活部面について、社会福祉、社会保障及び公衆衛生の向上及び増進に努めなければならない。

第13条（幸福追求権）

　すべて国民は、個人として尊重される。生命、自由及び幸福追求に対する国民の権利については、公共の福祉に反しない限り、立法その他国政の上で、最大の尊重を必要とする。

　日本国憲法第25条は国民の生存権、すなわち人々の人間らしい健康で文化的な生活水準を保障する国の義務を定めたものである。そして、憲法第25条を具現化する法律として生活保護法を挙げることができる。生活保護法第1条では、「この法律は、日本国憲法第25条に規定する理念に基き、国が生活に困窮するすべての国民に対し、その困窮の程度に応じ、必要な保護を行い、その最低限度の生活を保障するとともに、その自立を助長することを目的とする」と規定されている。

日本国憲法第13条は国民の幸福追求権、すなわち人々がかけがえのない個人として尊重され、自らの生き方や人生を主体的に切り拓き、幸福を追求していく権利をもつことを承認したものである。

　このような個人の自由や幸福追求に価値をおく人間観は、社会福祉法のサービス提供の理念等に生かされており、個人の尊厳の保持を旨とし、利用者の自立した日常生活を支援するものであること（社会福祉法第３条）、地域住民は相互に人格と個性を尊重し合い、地域社会の一員として日常生活を営み、社会、経済、文化その他あらゆる分野の活動に参加する機会が確保されること（同法第４条）、さらに福祉サービスの提供に際しては、利用者の意向を十分に尊重すること（同法第５条）などとして反映されている。

(3)　子どもの権利

　以上のような憲法の定める生存権や幸福追求権は、言うまでもなく老若男女に適用されるものである。このうち歴史的に戦争や紛争の最大の犠牲者であった子どもの人権を総合的に定めた条約として、1989年に国連で採択され、日本では1994年批准された「児童の権利に関する条約」（子どもの権利条約）を挙げることができる。児童の権利に関する条約に規定された子どもの基本的な権利（人権）を、社会的保護にかかわる「受動的権利」と子どもの主体性にかかわる「能動的権利」に分けると、下記のようにまとめることができる。

児童の権利に関する条約

> **受動的権利の主な内容**
> **第３条（子どもの最善の利益が確保される権利）**
> 　児童に関するすべての措置をとるに当たっては、公的若しくは私的な社会福祉施設、裁判所、行政当局又は立法機関のいずれによって行われるものであっても、児童の最善の利益が主として考慮されるものとする。
> **第６条（子どもの生命・生存・発達が確保される権利）**
> （１）締約国は、すべての児童が生命に対する固有の権利を有することを認める。
> （２）締約国は、児童の生存及び発達を可能な最大限の範囲において確保する。
> **第18条（かけがえのない親によって養育される権利）**
> 　締約国は、児童の養育及び発達について父母が共同の責任を有するという原則についての認識を確保するために最善の努力を払う。父母又は場合によ

り法定保護者は、児童の養育及び発達についての第一義的な責任を有する。児童の最善の利益は、これらの者の基本的な関心事項となるものとする。

第20条（社会的養護を受ける権利）

一時的若しくは恒久的にその家庭環境を奪われた児童又は児童自身の最善の利益にかんがみその家庭環境にとどまることが認められない児童は、国が与える特別の保護及び援助を受ける権利を有する。

能動的権利の主な内容

第12条（意見表明権）

締約国は、自己の意見を形成する能力のある児童がその児童に影響を及ぼすすべての事項について自由に自己の意見を表明する権利を確保する。この場合において、児童の意見は、その児童の年齢及び成熟度に従って相応に考慮されるものとする。

第13条（表現の自由）

児童は、表現の自由についての権利を有する。この権利には、口頭、手書き若しくは印刷、芸術の形態又は自ら選択する他の方法により、国境とのかかわりなく、あらゆる種類の情報及び考えを求め、受け及び伝える自由を含む。

第17条（マス・メディアにアクセスする権利）

締約国は、大衆媒体（マス・メディア）の果たす重要な機能を認め、児童が国の内外の多様な情報源からの情報及び資料、特に児童の社会面、精神面及び道徳面の福祉並びに心身の健康の促進を目的とした情報及び資料を利用することができることを確保する。

2016（平成28）年に児童福祉法の一部が改正され、児童福祉の理念に子どもの権利の視点が明記された。同法第1条では「全て児童は、児童の権利に関する条約の精神にのつとり、適切に養育されること、その生活を保障されること、愛され、保護されること、その心身の健やかな成長及び発達並びにその自立が図られることその他の福祉を等しく保障される権利を有する」とされ、第2条では「全て国民は、児童が良好な環境において生まれ、かつ、社会のあらゆる分野において、児童の年齢及び発達の程度に応じて、その意見が尊重され、その最善の利益が優先して考慮され、心身ともに健やかに育成されるよう努めなければならない」と規定された。

2．権利のもつはたらき

　これまでみてきた人間の基本的な権利（人権）の多くは、人間らしい生き方を求める当事者やその代弁者等による訴えや運動などを礎にして、歴史的に獲得されてきたという背景がある。たとえば、2006年に国連で採択され、日本で2014（平成26）年に批准された「障害者の権利に関する条約」の前文からは、その歴史的背景などをうかがい知ることができる。すなわち、「世界人権宣言（1948年）」「障害者の権利に関する宣言（1975年）」「障害者に関する世界行動計画（1982年）」さらに「障害者の機会均等化に関する標準規則（1993年）」などに基づき、「完全参加と平等」や「私たちのことを、私たち抜きに決めないで（Nothing About Us Without Us）」を合言葉とする障害当事者の声を推進力として、今日に至っているのである。

　人々が生活していくうえで必要とされることが、人間の基本的権利（人権）として明記されることに、どのような意味合いがあるのだろうか。すなわち、利用者や当事者にとって、権利はどのような機能を発揮するのか。

　たとえば、「すべての子どもに年齢に適した遊びを保障しなければならない」という要望が子どもの権利の目録に明記されたとすると、その要望は子どもが人間らしく発達を遂げて生きていくうえで、欠かすことのできない正当な要件として位置づけられることになる。すなわち、子どもの遊びは大人によって恩恵的または恣意的に与えられたり、まして一方的に禁止されるものではなくなり、むしろ子どもの生活や発達上正当な要件として、子どもの遊びを保障する国の義務が社会的に生じるのである。子どもの遊びの権利は、児童の権利に関する条約の第31条に「締約国は、休息及び余暇についての児童の権利並びに児童がその年齢に適した遊び及びレクリエーションの活動を行い並びに文化的な生活及び芸術に自由に参加する権利を認める」と明記されている。

　それでは、ある事柄が権利の目録に明記されれば、それで利用者や当事者の権利は保障されたことになるのだろうか。児童の権利に関する条約に子どもの遊びの権利が明記された結果、今日、子どもの遊びの権利は十分保障されているといえるだろうか。法律に規定された利用者や当事者の権利を実現するための実効的な方法が問われてくる。

3．権利擁護の今日的意味

　ここまで人間の基本的な権利（人権）、すなわち「尊厳をもつ人間がただ

人間であることを条件に、誰もが生まれながらにもっている侵すことのできない基本的な権利」の内容を憲法第25条の生存権と憲法第13条の幸福追求権、さらに児童の権利に関する条約に定められた子どもの権利を例に挙げながら確認をしてきた。私たちは権利を実質化するうえで、一人ひとりの人間が例外なくこうした権利を所持しており、こうした権利によって利用者や当事者の生活が現にまもられていることを、専門職として、市民として、さらに本人自ら主体的に学習できる機会をつくり出すことを大切にしていかなければならない（権利学習）。

　私たちは誰ひとり例外なくこの世に生を授かり、自らの人生を歩んでいる。しかし、その過程では思わぬ不条理な出来事などを契機に、人間らしい生活や生存の危ぶまれる事態に陥ることがある。こうした可能性（リスク）から逃れることができる者はいないであろう。たとえば、親から深刻な虐待を受けて苦痛や空腹にさらされ、孤独の淵を生きている子ども、戦争や災害に見舞われ、大切な家族や生活の糧を一瞬にして奪われた人々、生まれながら、または中途にからだに障害をもち、不自由な生活を余儀なくされている人々、ＤＶ（家庭内暴力）を逃れてひとり親家庭となり、家計の維持と子どもの養育に忙殺された末に病気を患っている母親、経済情勢の悪化に伴うリストラや家族離散を経て、ホームレスとして町をさまようかつての父親など…。このようにして生活や生存の危機に直面している人々は膨大に存在する。また、たとえば14％近い子どもの貧困率が続く状況は、国が子どもの生命・生存の権利保障義務を果たせていない事実をあらわしている。

　私たちは健康で文化的な生活を営む権利（生存権）を有する以上、こうした苦痛から回避されることを公的に保障される必要がある。すなわち、生存を脅かす貧困、孤独、暴力、差別などに対して、相談、保護、金銭、ケアなどといった各種法令に基づく福祉サービスや専門職の支援を通して人間としての生活水準が確保される必要がある。

　以上のように人間としての生活水準を確保することを前提としながらも、私たちはかけがえのない自らの人生を自律的に生きることができなければ、尊厳のある人間らしい生活が営まれているとみなすことはできないであろう。そこで、人間の自律性を基礎づける要件として、１つめに自由の価値について、２つめに出会い（つながり）の価値について考えておきたい。

　自由には、自分の生き方が他者によって干渉や強制されていないこと（消極的自由）と、自分の生き方を自分で選択して決定するという行為者に備わった意思や動機（積極的自由）の２つの要素が含まれている。自由に生きるとは他人への迷惑を顧みずに、自分勝手に生きることではなく、自分の生き方、

たとえばどこで暮らし、今日何を食べ、どのような服を着るのか。どのような趣味をもち、どのような職業に就き、誰とともに暮らすのか。自分の生き方の指針として、どのような思想や信条を大切にするのか。こうした日々の生き方を、他人から強制されるのではなく、自分の意思に基づき決めていけることが、自由に生きることである。

　そして、自分が望ましいと考える生き方は多種多様な人々との対話や交流、さらに試行錯誤をともなう体験を通してこそ、具体的に思い描くことが可能となる。自分の思い描いた生き方は、自分自身の努力のみならず、周囲の人々（保護者・きょうだい・友人・地域の人びと・専門職を含む支援者等）による直接・間接のかかわりや援助が欠かせないと同時に、あなた自身も他者の生き方を支えていくかけがえのない一人の存在である。これまで述べてきた人間の権利とその要件について、図12−1のように表すことができる。

図12−1　人間の権利とその要件

自分らしい
生き方・人生を
主体的に歩んでいく

人間の基本的権利　　　　　　　　　　　　　　　　　　　　　権利を実体化する要件

人間の自律性の保障（多様な人々と出会い、自由に生きていけること）　　自己決定の支援、アドボカシー、情報提供

コミュニティの形成

人間の生存権の保障（生存を脅かす貧困・孤独・暴力・差別などの苦痛にさらされないこと）　　公的福祉サービス、および専門職による支援（社会的セーフティネットの構築）

人間の基本的な権利についての理解　　人間の基本的な権利に関する学習

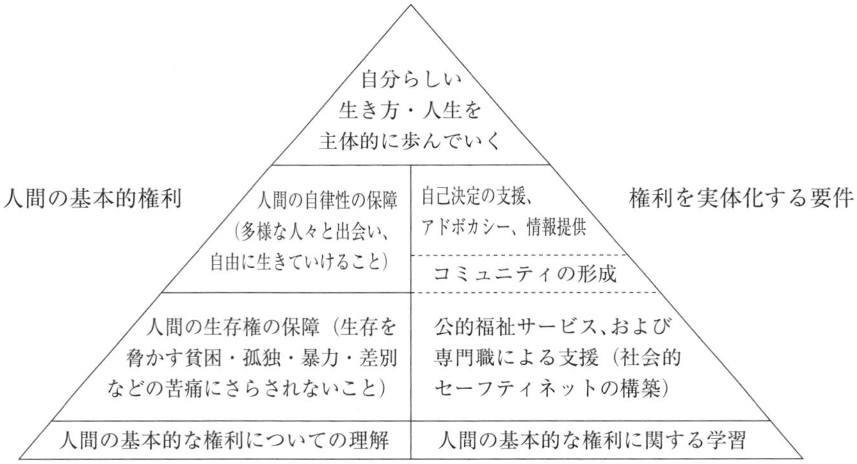

著者作成

2　権利擁護制度の内容と展開

1．契約時代における利用者支援制度

　1990年代にはじまる社会福祉基礎構造改革によって、福祉サービスの利用者像の実質的な転換が図られることになった。それまでは、幸福追求権（憲

法第13条）の規定にもかかわらず、福祉サービスの利用者は保護や救済の対象者として扱われる傾向が強かったが、社会福祉基礎構造改革の議論を契機に、「人間としての尊厳をもち、家族や地域社会のなかで、その人らしい自立した日常生活を営んでいく存在」として位置づけられることになった。

　さて、福祉サービスの利用者像の転換は、福祉サービスにおけるコンシューマリズム（消費者主義）、あるいは利用者民主主義といった用語で表現されることとなる。利用者民主主義とは、「サービスの利用者と提供者の対等な関係の確立」、すなわち「伝統的に社会福祉を特徴づけてきた供給者本位の運営システムを利用者本位のそれに変更すること」を意味しており、「利用者の権利—利用者による福祉サービスのメニューやサービス提供施設の選択と決定、利用の申請や申し出、認定や決定にたいする不服申し立てや再審査の請求、苦情の申し立てなどの諸権利—を尊重する社会福祉提供のあり方」のことである[3]。

　社会福祉基礎構造改革は、2000（平成12）年の社会福祉法改正などによって具現化され、福祉サービスの自己選択や自己決定を支える仕組みとして、以下のような新しい利用者支援制度が導入された（表12-1）。次項からは以下の枠組みに基づき、利用者支援制度の内容を確認していくことにする。

表12-1　利用者支援制度の概要

①利用者による主体的な福祉サービスの選択を支える情報提供と説明責任
②福祉サービス利用の契約関係を補強する苦情解決制度
③判断能力が不十分な人の日常生活を支える日常生活自立支援事業と成年後見制度
④適切なサービス水準やサービスの質を保障するサービス評価制度

2．情報提供と説明責任

　今日、福祉サービスの利用方式は、契約を基調としたものになっている。措置方式と対比される契約方式とは、利用者が自分自身で必要なサービスを判断・選択して、サービス事業者との契約を通して利用する仕組みのことである。必要なサービスを選択するには、その前提として、福祉サービスの内容や費用負担などに関する情報が必要不可欠である。社会福祉法では、福祉サービス事業者に情報提供の責務を課すと同時に、国および地方公共団体に情報提供が適切に行われる体制づくりを求めている（第75条）。他方で、事業者に対して、実際のサービス内容と異なる誇大な広告情報を表示することを禁止している（第79条）。

また、利用者のなかには情報弱者とよばれる人々も数多く含まれる。したがって、情報提供の確実な方法として、福祉専門職やサービス事業者が利用者と直接向き合い、本人の理解が得られるまで丁寧に説明することが大切である。医療の世界では、「患者に、病名、病気の性質、病状、ステージ、予後、選択すべき治療法、治療の有効性や危険度などについて告知あるいは説明し、治療法や療養の場などについて患者の同意を得て医術を行うこと」[4]を意味するインフォームド・コンセントの考え方が定着しているが、社会福祉法では以下のように、サービスの事業者に契約の申し込み者に対する説明義務が求められ、契約の成立時には重要事項を記載した書面交付義務が課されている（第76条、第77条）。

社会福祉法

第75条（情報の提供）
①社会福祉事業の経営者は、福祉サービス（社会福祉事業において提供されるものに限る。以下この節及び次節において同じ。）を利用しようとする者が、適切かつ円滑にこれを利用することができるように、その経営する社会福祉事業に関し情報の提供を行うよう努めなければならない。
②国及び地方公共団体は、福祉サービスを利用しようとする者が必要な情報を容易に得られるように、必要な措置を講ずるよう努めなければならない。

第76条（利用契約の申込み時の説明）
　社会福祉事業の経営者は、その提供する福祉サービスの利用を希望する者からの申込みがあつた場合には、その者に対し、当該福祉サービスを利用するための契約の内容及びその履行に関する事項について説明するよう努めなければならない。

第77条（利用契約の成立時の書面の交付）（抄）
　社会福祉事業の経営者は、福祉サービスを利用するための契約（厚生労働省令で定めるものを除く。）が成立したときは、その利用者に対し、遅滞なく、次に掲げる事項を記載した書面を交付しなければならない。
　（1）当該社会福祉事業の経営者の名称及び主たる事務所の所在地
　（2）当該社会福祉事業の経営者が提供する福祉サービスの内容
　（3）当該福祉サービスの提供につき利用者が支払うべき額に関する事項
　（4）その他厚生労働省令で定める事項

第79条（誇大広告の禁止）

　社会福祉事業の経営者は、その提供する福祉サービスについて広告をするときは、広告された福祉サービスの内容その他の厚生労働省令で定める事項について、著しく事実に相違する表示をし、又は実際のものよりも著しく優良であり、若しくは有利であると人を誤認させるような表示をしてはならない。

3．苦情解決制度

　苦情解決制度とは、サービスの契約や利用に際して、サービスの質や職員の態度、さらには説明・情報不足など、利用者による多様な苦情を把握したうえでその解決を図ることにより、利用者の満足感の向上や権利擁護、およびサービス内容の改善を図る仕組みである。

　社会福祉法では、第一にサービスの事業者に苦情解決の取り組みを課している（第82条）。なぜなら苦情や要望は、本来的には当事者間で自主的に解決されることが望ましいという観点に立っているからである。事業者による苦情解決の体制は、苦情受付担当者、苦情解決責任者および第三者委員により構成されている。

　事業者段階における苦情解決が困難な場合等には、都道府県社会福祉協議会に設置される運営適正化委員会が苦情解決のはたらき（相談・助言・あっせん）を担うことになる（第85条）。なお、相談や助言の過程で、虐待行為など重大な権利侵害のおそれが明らかになったときは、都道府県知事への速やかな通知義務が課されている（第86条）。

社会福祉法

第82条（社会福祉事業の経営者による苦情の解決）

　社会福祉事業の経営者は、常に、その提供する福祉サービスについて、利用者等からの苦情の適切な解決に努めなければならない。

第85条（運営適正化委員会の行う苦情の解決のための相談等）

①運営適正化委員会は、福祉サービスに関する苦情について解決の申出があつたときは、その相談に応じ、申出人に必要な助言をし、当該苦情に係る事情を調査するものとする。

②運営適正化委員会は、前項の申出人及び当該申出人に対し福祉サービスを提供した者の同意を得て、苦情の解決のあつせんを行うことができる。

> **第86条（運営適正化委員会から都道府県知事への通知）**
>
> 　運営適正化委員会は、苦情の解決に当たり、当該苦情に係る福祉サービスの利用者の処遇につき不当な行為が行われているおそれがあると認めるときは、都道府県知事に対し、速やかに、その旨を通知しなければならない。

　苦情に対する適切な対応は、事業者に対する信頼感やサービス内容の向上を導く価値の高い取り組みである。その一方で、苦情は利用者や当事者との日頃のコミュニケーション（対話）不足から生じることが多いと言われる。保育士などの専門職は、常に子どもや保護者、さらに近隣住民の声を聴き、気持ちや考えを受け止める態度が必要とされるであろう。さらに、利用者の安全確保（トラブルや事故の予防）を主眼として、サービスの質や顧客満足の向上をめざすリスクマネジメントの一環として、ヒヤリ・ハットレポートや事故報告書の作成と情報の共有に取り組むことも大切である。このほかに、市民の代弁者・代理人として苦情受付と対応を行うオンブズパーソン制度（公的第三者機関）の取り組みがある（p.199コラム参照）。

4．日常生活自立支援事業と成年後見制度

　これまで述べてきた契約方式によるサービス利用に際しては、利用者や当事者に次のような一連の手続きを求めることになる。まず、①自分が直面している生活上の課題を認識し、課題解決に役立つ相談機関や福祉制度をある程度知らなければならない。そして、②社会福祉のサービス内容を理解したうえで、自分にとって最も望ましいサービスを判断・選択する必要がある。そのうえで、③サービス事業者に利用契約の申し込みを行い、契約内容を理解したうえで契約書を取り交わすことになる。こうした手続きを必要とする福祉サービスは、利用者の生活全般と密接にかかわると同時に、後から不満や不都合が生じても簡単にとりかえがきかないなどの特質も含んでいる。

　このように契約に伴う諸々の意思決定はその後の利用者の暮らしに大きく影響するが、利用者のなかには知的障害者や精神障害者、さらには認知症の高齢者など、サービス内容の理解やコミュニケーションに困難を抱える人々が少なくない。こうした判断能力の不十分な人々に対応する制度として、日常生活自立支援事業と成年後見制度を挙げることができる。

　日常生活自立支援事業とは、判断能力の低下などにより日常生活に不安や困難をもつ人に対して、無料又は低額な料金で、福祉サービスの利用に関す

る相談・助言や福祉サービスの利用に必要な手続、費用の支払などの援助を行うことである。この事業の実施主体は都道府県・指定都市社会福祉協議会であるが、実際の業務は市区町村社会福祉協議会（基幹型）が担っている。

　援助内容として、まず「専門員」が利用者の相談や支援計画を策定したうえで、支援計画に基づき「生活支援員」が援助を行うことになる。援助内容として、①福祉サービスの情報提供や事業者・行政機関との連絡調整、さらに利用契約の手続きの援助などを行う「福祉サービスの利用援助」、②福祉サービスの利用料や公共料金の支払いなどを行う「日常的金銭管理サービス」、そして③預金通帳や権利証等を預かる「書類等の預かりサービス」がある。

　成年後見制度とは、精神上の障害などにより判断能力が不十分な人の行為能力を制限し、あわせて財産管理や契約行為等を行う支援者を家庭裁判所が選任することにより、本人の財産等を法的に保護する制度である。本人の判断能力の状況に応じて、後見・保佐・補助の３類型から成り立つ「法定後見制度」と、本人の判断能力があるうちに財産管理や療養看護に関する契約を委任する任意後見人候補者と、委任事項を公正証書作成により決めておき、判断能力が低下したときに家庭裁判所から任意後見監督人が選任され、その監督のもとで後見人の保護を受ける「任意後見制度」がある。

5．サービス評価制度

　サービス評価制度は、事業者の提供する福祉サービスの質の向上を目標としており、社会福祉法には事業者自らがサービスの質を評価・点検する「自己評価」（第78条第１項）と、国に対して仕組みづくりを求めた「公正かつ適切な評価の実施」（第78条第２項）、すなわち「第三者評価」の必要性が示されている。

　第三者評価とは「福祉サービスにおける第三者評価事業に関する報告書」によると、①事業者の提供するサービスの質を当事者（事業者および利用者）以外の公正・中立な第三者機関が、専門的かつ客観的な立場から評価することであり、②その目的は、個々の事業者が事業運営における具体的な問題点を把握し、サービスの質の向上に結びつけるとともに、利用者の適切なサービス選択に資するための情報とすることである（図12－2）。

　サービス評価制度（第三者評価と自己評価）が評価する「サービスの質」とは、福祉サービスが利用者に与えた価値、すなわち自分らしい日常生活の回復など利用者のニーズ（必要）の充足、さらに本人の満足感・幸福感など、利用者の生活の質（QOL）の向上に寄与したかどうかをあらわしたもので

図12-2　第三者評価の体系

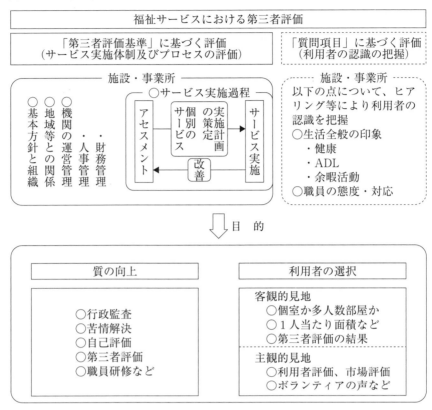

資料　福祉サービスの質に関する検討会「福祉サービスにおける第三者評価事業に関する
　　　報告書」2001年

ある。したがって、サービス評価の実施にあたってその評価対象は、福祉サービスがあわせもつ多面的側面にわたると同時に、サービス内容を根底から支える組織体制やマネジメントも含まれることになる。参考資料として、東京都の福祉サービス第三者評価で用いられている認可保育所の評価項目を挙げる（表12-2）。

　なお、児童養護施設や乳児院、児童自立支援施設など社会的養護関係の施設では、施設運営の質の向上を図るために2012（平成24）年度から3年に1回以上の第三者評価受審が義務づけられている。

6．利用者の権利を擁護する専門職の役割

　これまで説明してきた利用者支援制度は、福祉サービスの利用者や当事者が、自分らしい人生を主体的に歩むうえで必要となる自律性、すなわち日々

表12-2　東京都における第三者評価項目（認可保育所：共通評価項目）

１．リーダーシップと意思決定 (1)事業所が目指していることの実現に向けて一丸となっている。 　①事業所が目指していること（理念・ビジョン、基本方針など）を周知している。 　②経営層（運営管理者含む）は自らの役割と責任を職員に対して表明し、事業所をリードしている。 　③重要な案件について、経営層（運営管理者含む）は実情を踏まえて意思決定し、その内容を関係者に周知している。 **２．事業所を取り巻く環境の把握・活用及び計画の策定と実行** (1)事業所を取り巻く環境について情報を把握・検討し、課題を抽出している。 (2)実践的な計画策定に取り組んでいる。 　①事業所が目指していること（理念・ビジョン、基本方針など）の実現に向けた中・長期計画及び単年度計画を策定している。 　②着実な計画の実行に取り組んでいる。 **３．経営における社会的責任** (1)社会人・福祉サービス事業者として守るべきことを明確にし、その達成に取り組んでいる。 　①社会人・福祉サービスに従事する者として守るべき法・規範・倫理などを周知し、遵守されるよう取り組んでいる。 (2)利用者の権利擁護のために、組織的な取り組みを行っている。 　①利用者の意向（意見・要望・苦情）を多様な方法で把握し、迅速に対応する体制を整えている。 　②虐待に対し組織的な防止対策と対応をしている。 (3)地域の福祉に役立つ取り組みを行っている。 　①透明性を高め、地域との関係づくりに向けて取り組んでいる。 　②地域の福祉ニーズにもとづき、地域貢献の取り組みをしている。 **４．リスクマネジメント** (1)リスクマネジメントに計画的に取り組んでいる。 　①事業所としてリスクマネジメントに取り組んでいる。 (2)事業所の情報管理を適切に行い活用できるようにしている。 **５．職員と組織の能力向上** (1)事業所が目指している経営・サービスを実現する人材の確保・育成・定着に取り組んでいる。 　①事業所が目指していることの実現に必要な人材構成にしている。 　②事業所の求める人材像に基づき人材育成計画を策定している。 　③事業所の求める人材像を踏まえた職員の育成に取り組んでいる。 　④職員の定着に向け、職員の意欲向上に取り組んでいる。 (2)組織力の向上に取り組んでいる。 　①組織力の向上に向け、組織としての学びとチームワークの促進に取り組んでいる。	**６．サービス提供のプロセス** (1)サービス情報の提供 　①利用希望者等に対してサービスの情報を提供している。 (2)サービスの開始・終了時の対応 　①サービスの開始にあたり保護者に説明し、同意を得ている。 　②サービスの開始及び終了の際に、環境変化に対応できるよう支援を行っている。 (3)個別状況の記録と計画策定 　①定められた手順に従ってアセスメント（情報収集、分析および課題設定）を行い、子どもの課題を個別のサービス場面ごとに明示している。 　②全体的な計画や子どもの様子を踏まえた指導計画を作成している。 　③子どもに関する記録を適切に作成する体制を確立している。 　④子どもの状況等に関する情報を職員間で共有化している。 (4)サービスの実施 　①子ども一人ひとりの発達の状態に応じた保育を行っている。 　②子どもの生活が安定するよう、子ども一人ひとりの生活のリズムに配慮した保育を行っている。 　③日常の保育を通して、子どもの生活や遊びが豊かに展開されるよう工夫している。 　④日常の保育に変化と潤いを持たせるよう、行事等を実施している。 　⑤保育時間の長い子どもが落ち着いて過ごせるような配慮をしている。 　⑥子どもが楽しく安心して食べることができる食事を提供している。 　⑦子どもが心身の健康を維持できるよう援助している。 　⑧保護者が安心して子育てをすることができるよう支援を行っている。 　⑨地域との連携のもとに子どもの生活の幅を広げるための取り組みを行っている。 (5)プライバシーの保護等個人の尊厳の尊重 　①子どものプライバシー保護を徹底している。 　②サービスの実施にあたり、子どもの権利を守り、子どもの意思を尊重している。 (6)事業所業務の標準化 　①手引書等を整備し、事業所業務の標準化を図るための取り組みをしている。 　②サービスの向上をめざして、事業所の標準的な業務水準を見直す取り組みをしている。 **７．事業所の重要課題に対する組織的な活動** (1)事業所の重要課題に対して、目標設定・取り組み・結果の検証・次期の事業活動等への反映を行っている。

注　各評価項目に属する2〜6個の標準項目は省略。
出典　東京都福祉サービス評価推進機構「令和5年度サービス別共通評価項目（認可保育所）」を一部抜粋
　　　https://www.fukunavi.or.jp/fukunavi/contents/servicehyouka/2023sheets/49_hoiku.html

の生き方を主体的に選びとることを支援・補強する仕組みであった。こうした社会資源の活用をはじめ、利用者の権利擁護（アドボカシー）の担い手は、保育士やソーシャルワーカーなどの社会福祉専門職である。なぜなら、子ど

もや障害のある人、さらにひとり親家庭などの利用者の小さな声や願いは、もっぱら業績や効率を重視する社会の喧騒にかき消され、結果として権利侵害が放置、容認される危険性が高いからである。そうした小さな声や願いに耳を傾け、権利を擁護することは福祉専門職の重要な役割である。

したがって、利用者の生活に寄り添う福祉専門職は、①福祉サービスの提供や相談援助を通して利用者を個別に支援するケース・アドボカシー、②利用者の代弁、社会参画・運動、調査活動などを通して福祉政策や施設運営の改革・改善をめざすシステム・アドボカシー、③当事者とともに自らの権利を確認し、その主体的な行使を支援するセルフ・アドボカシー、さらに、④利用者の権利に関する啓発・学習活動などにより、利用者のエンパワメント*1をめざす必要がある。

＊1　第11章p.171の＊1を参照。

〈引用文献〉

1）法令用語研究会編『法律用語辞典［第3版］』有斐閣　2006年　p.236
2）同上書　p.386
3）右田紀久恵・髙澤武司・古川孝順編『社会福祉の歴史―政策と運動の展開―』有斐閣　2004年　pp.428−429
4）社会福祉辞典編集委員会編『社会福祉辞典』大月書店　2002年　p.31

〈参考文献〉

秋元美世・平田厚『社会福祉と権利擁護―人権のための理論と実践―』有斐閣　2015年
福祉サービスの質に関する検討会「福祉サービスにおける第三者評価事業に関する報告書」2001年
保育福祉小六法編集委員会編『保育福祉小六法』みらい　2023年
「社会福祉学双書」編集委員会編『社会福祉学双書2023 第13巻 権利擁護を支える法制度／刑事司法と福祉』全国社会福祉協議会　2022年
増田雅暢・菊池馨実編著『介護リスクマネジメント―サービスの質の向上と信頼関係の構築のために―』旬報社　2003年
小田兼三・杉本敏夫・久田則夫編著『エンパワメント実践の理論と技法―これからの福祉サービスの具体的指針―』中央法規出版　1999年
東京都福祉サービス評価推進機構「令和2年度サービス別共通評価項目（認可保育所）」http://www.fukunavi.or.jp/fukunavi/contents/servicehyouka/2020sheets/49_hoiku.html
三浦文夫監、宇山勝儀・小林良二編著『新しい社会福祉の焦点』光生館　2004年
福祉オンブズマン研究会編『福祉"オンブズマン"―新しい時代の権利擁護―』中央法規出版　2000年

コラム　オンブズマンの多様な展開を認めよう

　オンブズマンは「権限を与えられた代理人・代弁者」を意味しており、世界で最初に制度化されたのは、スウェーデンの議会オンブズマン（1809年）である。そして戦後、オンブズマン制度は世界各地で創設されることになる。スウェーデンのオンブズマンとして、ほかに男女雇用機会均等オンブズマン（1980年：男女雇用機会均等法に対応）、人種差別禁止オンブズマン（1986年：人種差別禁止法に対応）、子どもオンブズマン（1993年：児童の権利条約に対応）などがある。

　オンブズマン制度は、一般市民や権利が侵害されやすい人々（女性・被差別者・子ども・障害者…）の立場に立って、人権や権利擁護などのアドボカシーに取り組むものである。

　日本でも、オンブズマン制度の多様な展開を確認することができる。福祉の分野についてみると、その活動の特色から次のように分類することができる。

・行政型福祉オンブズマン…自治体が制度をつくり（条例など）、主に当該自治体の福祉行政活動に対する住民や利用者の苦情を受けつけて、制度の是正や改善を求めていくものである。

・施設単独型福祉オンブズマン…高齢者施設や障害者施設などに、単独に設置されているものである。施設のサービスに対する利用者の不満や苦情を受けつけて、サービスの改善につなげていくことを目的とする。第三者（弁護士・大学教員・医師・福祉NPO関係者など）にオンブズマンを委嘱するなどして実施している。

・地域ネットワーク型福祉オンブズマン…一定の地域内にある複数の施設が共同でオンブズマンを導入して、利用者の不満や苦情を受けつけて、サービスの改善につなげていくものである。

・市民運動型福祉オンブズマン…市民（利用者）の視点に立って、福祉サービスの水準の向上をめざすものである。「情報公開制度」を活用して福祉施設の運営状況や権利侵害等の監視活動を進めるもの、市民オンブズマンを養成してサービス事業者に派遣することを通してサービスの質を高めていこうとするもの、とても多様でユニークな展開をみせている。多くはNPO活動として行われている。

　利用者の権利擁護やアドボカシーの実現を図る福祉オンブズマンの多様な展開を認めて生かしていくことが、今の時代に求められている。

索　引

十訂　保育士をめざす人の社会福祉

2000年 4 月 1 日　初版第 1 刷発行
2018年 3 月 1 日　八訂第 1 刷発行
2021年 4 月 1 日　九訂第 1 刷発行
2024年 1 月10日　十訂第 1 刷発行

編　　集　　相 澤 譲 治・杉 山 博 昭
発 行 者　　竹 鼻 均 之
発 行 所　　株式会社みらい
　　　　　　〒500－8137　岐阜市東興町40第五澤田ビル
　　　　　　電話　058－247－1227(代)
　　　　　　https://www.mirai-inc.jp/
印刷・製本　　サンメッセ株式会社

ISBN978-4-86015-601-5 C3036
Printed in Japan　　　　　乱丁本・落丁本はお取り替え致します。